给孩子的简明中国史

A Child's History of China

太喜欢历史了！

知中编委会 编著

 清与民国

中信出版集团 | 北京

图书在版编目（CIP）数据

太喜欢历史了！给孩子的简明中国史 / 知中编委会
编著. -- 北京：中信出版社, 2019.4（2025.9 重印）
ISBN 978-7-5086-9375-0

Ⅰ. ①太… Ⅱ. ①知… Ⅲ. ①中国历史－少儿读物
Ⅳ. ①K209

中国版本图书馆CIP数据核字(2019)第013398号

清与民国（太喜欢历史了！给孩子的简明中国史）

编　　著：知中编委会
出版发行：中信出版集团股份有限公司
　　　　　（北京市朝阳区东三环北路27号嘉铭中心　邮编　100020）
承 印 者：北京联兴盛业印刷股份有限公司

开　　本：787mm×1092mm　1/16　印　　张：6.5　　　　字　　数：110千字

版　　次：2019年4月第1版　　　　印　　次：2025年9月第32次印刷

书　　号：ISBN 978-7-5086-9375-0

定　　价：398.00元

服务热线：400-600-8099

投稿邮箱：author@citicpub.com

太喜欢历史了！
给孩子的简明中国史

出版人 & 总经理
苏静

艺术指导
汉堡

内容监制
叶扬斌

撰稿人
郭怡菲 / 罗灿 / 书鱼 / 徐乐 / 许峥 / 李艺 / 绪颖 /
陆西渐

插画师
Ricky / 蒋讲太空人 / 子鱼非 / 黄梦真 / Zoey /
Yoka

策划编辑
王菲菲 / 苏静

责任编辑
陈鹏 / 叶扬斌 / 刘莲

营销编辑
马英 / 谢沐 / 张雪文 / 严婧 / 刘天怡

联系我们
zhichina@foxmail.com

发行支持
中信出版集团股份有限公司，北京市朝阳区惠新
东街甲 4 号，富盛大厦 2 座，100029

微博账号
@ 知中 ZHICHINA

微信账号
ZHICHINA2017

清

文：徐乐，李艺

绘：蒋讲太空人（时代背景）
　　Yoka（衣食住行）
　　子鱼非，黄梦真（历史事件）

中国历史上
最后一个封建王朝

1627年，已经建立了两百多年的大明朝迎来了自己的最后一位皇帝——崇祯帝。这时候的明朝，内外交困，民不聊生，到处都在造反。与此同时，在中国东北迅速崛起的女真政权，正变得一天比一天强盛。短短十几年后的1644年，借着明朝内乱的机会，他们派兵入关，迅速统一了天下。这就是中国历史上最后一个封建王朝——清朝。

清朝建立后，一共经历了十一位皇帝的统治，他们的年号分别是：崇德、顺治、康熙、雍正、乾隆、嘉庆、道光、咸丰、同治、光绪、宣统。在清朝二百七十六年的统治期间，中国经历了从传统的封建社会被迫转向近代化社会的巨大历史转折。

清朝的前半部分，在康熙、雍正、乾隆三位皇帝统治的这一百多年里，清朝的国力非常强盛，老百姓的生活也康泰富足。中国的丝绸、茶叶、瓷器，成为国际市场的抢手货，大把大把的白银随着远来的帆船流进中国人的钱包，清朝的皇帝和官员们，沉浸在"天朝上国"的美梦里，不愿意醒来。

但是，此时的世界，却逐渐发生了巨大的变化，西方国家越来越强大，慢慢赶上并超过了清朝。他们用大炮轰开清朝的国门，用鸦片掏空了中国人的身体和钱包，用便宜的洋货打垮了中国传统的手工业，中国就这样被赶着走上了近代化的道路。

1911年深秋，轰轰烈烈的辛亥革命爆发了，1912年2月，宣统帝溥仪宣布退位，清朝灭亡了。

生活在清朝

衣

　　清朝时，由于是满族的爱新觉罗氏坐拥天下，满族服饰传入中原，汉族人也穿上了长袍马褂、窄衣箭袖，而传统的明朝那种宽袍大袖的衣服，朝廷不让平常穿，往往也只是被老百姓用作下葬时的寿衣。

　　清朝后期，西方的西装礼服传入中国，西方的商人们也把便宜结实的洋布大批运到中国市场上出售。思想开放的中国人开始换下长袍，穿上西装燕尾服，拄着文明棍，一个个俨然新潮的绅士。而普通的百姓们，虽然还穿着传统的长袍马褂，但做衣服的布料，则慢慢从自家织造的土布换成了商船运来的洋布。

食

  在清朝，中国人餐桌上的食品种类更为丰富，满族人从关外带来的菜式、点心与中原传统的菜式相结合，晚清时，还发展出了"满汉全席"的菜色。地方上，各地区都发展出自己独特的口味，爱吃甜的苏南人、爱吃辣的四川人、爱吃鲜的广东人都按照自己的喜好发展出了各自的菜系。

  除了丰富的菜品种类外，中国人饭碗里的主食也在悄悄发生着变化。传统的大米、小麦产量很低，老百姓们之前常常饿肚子。这时候，西方传来的红薯、马铃薯和玉米被人们广泛种植。这些农作物被种在了山区、坡地等地，原本不适宜耕种的土地得以开发。在这些因素作用下，中国的人口数量在清朝时期也大大增长了。

住

　　清朝人的居住环境比之前有了明显改善。住进了明朝紫禁城的清朝皇帝们，下令把皇宫修整得更加奢华威严。紫禁城三大殿金碧辉煌，令人望而生畏。另外，来自凉爽的东北地区的清朝皇帝可受不了盛夏北京的大太阳。于是，清朝人又在靠近关外的承德修建了避暑山庄，皇帝在夏天时会选择搬到这里生活、理政，或接见王公外宾。

　　清朝的时候，中国的园林建筑艺术也发展到了极致。从康熙时起，经过历代皇帝的整修，清朝人建成了恢宏秀丽的圆明园。在这座皇家园林里，除了传统的中式园林外，还有专门的西式园林建筑区。可惜的是，这么一所伟大的园林在第二次鸦片战争中被外国侵略者烧毁了。

行

　　清朝时，常见的交通工具仍然是传统的车、马、船，有的人还可以坐轿子。至于广大的穷苦百姓，出门的时候还是跟以前一样，只能依靠自己的双脚。

　　清朝中期以后，西方的火车和轮船慢慢传入中国。清朝人很快接受了长着大烟囱的蒸汽船，但是对于在铁轨上隆隆作响、横冲直撞的火车，人们一开始是很难接受的。大家都害怕这样一个在地上跑的大铁砣子会影响风水、冲撞神仙。直到清朝末年，中国才在外国列强的控制下慢慢建起了一条条铁路。

01

在关外悄悄发展的后金

08　▶ 八旗武士们。

世界　大事记　中国

1621年 英国最早的《新闻周刊》创刊

1616年 努尔哈赤建立大金政权，史称"后金"　　　　　　1624年 荷兰占领台湾

后金的建立

16世纪末，生活在东北的女真族开始强大起来，尤其是建州女真，它的首领名叫爱新觉罗·努尔哈赤。

努尔哈赤出生于建州女真的贵族家庭，他的爷爷叫觉昌安，爸爸叫塔克世。他们都被明朝政府封为当地的官员。努尔哈赤从小就学习骑马射箭，练得了一身好武艺。

努尔哈赤二十四岁时，明朝军队在平定女真内讧时误杀了他的爷爷和爸爸。努尔哈赤从此恨透了杀害他亲人的古勒城城主尼堪外兰和明朝政府。他凭借祖上留下的十三副盔甲，带领手下的士兵东征西

09

▲ 八旗孩子们不仅要学习
儒学，也要学习骑射。

战，最终统一了女真各部。

随着女真族势力的增强，1616年，努尔哈赤在赫图阿拉城建国，定国号为大金。为了跟历史上的金朝区别，人们把它称为后金。

八旗制度是什么？

努尔哈赤建立后金以后，又花了两年多时间来整顿内部、发展生产、扩大兵力。1618年，努尔哈赤宣布对明朝的"七大恨"，正式对明朝开战。他的部队屡战屡胜，很快就打下了明朝辽东的大片土地。在统一女真各部和对明朝作战的过程中，努尔哈赤创立并完善了八旗制度。

旗既是行政单位，又是军事组织。人们被组织起来，平日里耕田打猎，战时行军打仗，非常高效灵活。因为代表每旗的旗帜式样有正红、正黄、正蓝、正白、镶红、镶黄、镶蓝、镶白八种，所以叫八旗。

努尔哈赤坚强勇敢、用兵如神，但是在晚年时，跟其他许多英明君主一样，他也陷入了自大、傲慢和猜疑中。他歧视、虐待甚至屠杀汉人，使刚刚建立的后金一度陷入困局。1626年，征战一生的努尔哈赤病逝。

皇太极的时代

努尔哈赤死后，接替他大汗位置的是他的八儿子、原来的正白旗旗主皇太极。他登上汗位后，很快颁布了一系列新的政策来调整努尔哈赤晚年的失误。

1635年，皇太极改"女真"族名为"满洲"。1636年，他在盛京称帝，定国号为大清，清朝的历史由此展开。

从八旗到二十四旗

此时的清朝军队中，已经有很多投靠的蒙古人和汉人。皇太极把这些人单独编列出来，仿照满八旗，建立了蒙古八旗和汉军八旗。这样一来，后金部队就逐渐从原来的八旗

扩充到了二十四旗，实力大大加强。其中，皇太极亲自率领正黄、镶黄、正蓝三旗。

对汉人朋友一视同仁

皇太极一改他父亲轻视汉人甚至虐待汉人的作风，对他手下的汉族谋士嘘寒问暖、委以重任。范文程就是他最为倚重的一位，皇太极有什么事都要和他商量。每次跟大臣们议事，皇太极都要问："这事范文程知道吗？"看到大臣们的奏折上有什么错误的看法，皇太极就会说："为什么不和范文程商量一下呢？"

在这样的关照下，他手底下的汉人谋士们个个都憋足了劲儿给皇太极出主意。其中有个叫宁完我的谋臣，注意到后金原先施行的议政王大臣会议效率特别低下，每次议事大家都吵作一团。他就向皇太极建议学习明朝的办法，设立内国史院、内秘书院、内弘文院，由三院中的大学士参与讨论政事，又设立吏、户、礼、兵、刑、工六部直接负责处理具体的事情，这样一来，每个人都

1632年 英国占领安提瓜和巴布达各岛，并从非洲贩来大批黑人开辟种植园

1634年 中国正式安装第一架天文望远镜"窥筒"

1636年 皇太极即位，改国号为大清

▲ 满族八旗分别为正黄、正白、正红、正蓝四旗，以及镶黄、镶白、镶红、镶蓝四旗。以上的八旗标志性旗帜图案，你能分辨它们吗？

有各自负责的范围，众大臣分工合作，效率大为提高。

改善后的议政制度，为什么会提高效率呢？

皇太极非常关心国内汉族百姓的生活。他派人重新丈量土地给汉人耕种，还把那些自由的汉人从之前满人的庄园中列出来，让他们单独住在一起。这样一来，汉人都愿意纳粮当兵。

集中自己的权力

皇太极刚登上汗位时，除了他自己以外，其他兄弟和旗主也拥有很大的权力，于是皇太极或设置副手和其他部门来分散他们的权力，或直接找茬废除他们的爵位。他的哥哥莽古尔泰，仅仅因为在战场上和皇太极吵起来而气得拔了刀子，就被判了"大不敬罪"，

被剥夺爵位。1631年，他甚至还颁布了《离主条例》，规定告发主子犯罪的奴隶，有机会恢复自由。这样一来，大大小小的贵族都被无数双眼睛紧紧盯住，再也不敢明里暗里跟皇太极对着干了。皇太极就这样控制了所有权力。

取长补短的学习方法

皇太极自己是一个热爱学习并且善于学习的人。他知道，作为敌人的明朝在文化上比自己要先进得多。为了提高大家的知识水平，皇太极专门设立学校，规定族内八岁以上十五岁以下的孩子都要送去读书。

在学校里，满洲男孩儿们拿起了书本和毛笔，努力学习各类文化知识。很快，这些孩子中就涌现出了满肚子墨水儿的文化人。1641年举办的科举考试中，考得第一名的就是满洲学生！当然，皇太极也没有忘记满洲人的宝贵传统。满洲人从小就在东北地区生活，骑马射箭对他们来说就跟吃饭喝

水一样平常，人人都是天生的战士。所以，皇太极不仅要求大家积极学习满语，还要求勤加练习骑马射箭这两样满洲人的看家本事，不能松懈。

古话说"知己知彼，百战不殆"，意思是"了解自己又了解对手，这样打起仗来，才怎么打都不会输"。在皇太极的带领下，清迅速走出困局，一天天强大起来，且在对明朝的战争中再次占得了上风。

世界
大事记
中国

1640年 英国资产阶级革命开始

02

入主中原！
清朝序幕的正式开启

▲ 最终，清朝定都北京。

世界
大事记
中国

 1642年 法国人帕斯卡发明计算器，这是现代计算器具的先驱

 1644年 崇祯帝上吊自杀，明朝灭亡

▲ 多尔衮规定，汉人要采用满人的发式和着装。

明清间的大顺国

在后金有声有色地发展起来的时候，明朝政府却在面临着越来越大的难题。崇祯皇帝即位时，陕西、甘肃、河南这些地方都在闹饥荒。百姓们没有粮食，都开始吃上了草根、树皮甚至观音土，到处都爆发了农民起义。其中有个叫李自成的，最受百姓们的爱戴，当时百姓们都传唱着："杀牛羊、备酒浆，开了城门迎闯王，闯王来了不纳粮。"

1643年末，李自成带领军队攻破西安城，次年正月建立了大顺国。三月，他便马不停蹄带兵攻打北京城。这时候的北京城里，崇祯皇帝已经彻底失去了百姓和大臣们的爱戴。1644年农历三月十九日，李自成进驻紫禁城，统治中国二百七十多年的明王朝灭亡了。

但是，李自成进京之后，很快便被胜利冲昏了头，他和手下的将士们天天过着安逸的生活。更过分的是，他们还跟之前明朝的贵族和大臣们算旧账，把他们抓起来拷打抄家、勒索钱财。这其中，就有当时明朝守卫山海关的大将军吴三桂的家。李自成手下的大将刘宗敏甚至还霸占了吴三桂最喜欢的小妾陈圆圆。

吴三桂的复仇

吴三桂决心报仇，但是自己的力量太弱小了，根本打不过李自成，怎么办呢？吴三桂想到了关外的满洲人。此时皇太极已经去世，清的权力由他的弟弟摄政王多尔衮掌控着。多尔衮虽然人在关外，但他一直关心着关内明朝的事情。当接到吴三桂借兵的求援信之后，多尔衮知道，机会来了。他立刻带着清军悄悄进入了山海关。

这时候，李自成也带着部队来攻打吴三桂。多尔衮让吴三桂先跟李自成作战，来消耗他的实力。大顺军和吴三桂的军队打了很长时间，双方士兵都是又渴又饿又累，大家都打不动了。但大顺军人多，慢慢占了上风。眼看吴三桂就要支持不住的时候，等待已久、兵强马壮的清军突然冲了出来，一下子就把大顺军杀得大败。李自成等人只得灰溜溜地逃回了北京。

从关外到关内

李自成逃回北京后，打着给崇祯皇帝复仇旗号的吴三桂和清军立刻乘胜追了过来。1644年农历四月，李自成放弃了北京，退往陕西西安。没过多久，多尔衮率军进入了北京。同年十月，清顺治帝从盛京来到北京，并将北京定为国都。从此，清朝开始了在关内的统治。

清军进入北京后，一改大顺国对明朝旧贵族和大臣的严厉政策，不仅重新任用他们，恢复他们的官职，连明朝的那套制度，清朝也努力学习和采用。早在皇太极时期，就对汉人尤其是儒学特别推崇。入关之后，多尔衮更是打出了"满汉一家"的口号，就是说满族和汉族根本上是一家人，都是自己人。为了显示自己是继承明朝的正统，多尔衮在入关后一个多月，就专门派官员去曲阜祭祀儒家的圣人孔子。第二年，更是给孔子加封了"大成至圣文宣先师"的称号，把原来明朝汉人儒家学者的老师孔子，直接给变成了清朝的先师。这一系列事情办下来，清朝迅速获得了明朝旧贵族、旧大臣和一大批读书人的认可和拥戴，算是在关内站稳了脚跟。

不太好过的日子

清军进入北京后，大量关外的满人举家都搬了过来，北京周围，一下子涌进来大批旗人。之前跟着努尔哈赤、皇太极、多尔衮等人打了几十年仗的旗人，这下子可要好好享福了。顺治皇帝迁都北京之后的两个月，多尔衮就颁布了《圈地令》，宣布把没有主人的荒田分给旗人耕种。可执行的时候，许多有主人的田也被圈走了。之前拥有这些土地的汉人，只能搬出去流浪。而分到土地的旗人，看着肥沃的田野，也是挠着脑门干着急。他们过去都是在大山大湖里讨生活，打猎打鱼打仗是一把好手，但要他们拿锄头种地，可就都傻眼了。于是，这些失去土地的汉人就被旗人驱使，成为奴隶为他们耕地。奴隶的日子能好过吗？很快，大批汉人受不了这样的折磨，纷纷逃走。1645年，多尔衮又颁布了《逃人法》，严厉处罚逃跑的奴隶和帮奴隶逃跑的人。这样一来，汉人百姓的日子，更难过了。

清朝在稳固北京地区统治的同时，更派出军队追击逃跑的大顺军。清军从北京到西安，一路追击到襄阳。终于，1645年农历九月，李自成在湖北通城县九宫山战死，大顺政权覆灭了。

1657年 长筒袜和自来水笔在巴黎制成　　1658年 荷兰取代葡萄牙，控制锡兰岛全部沿海地带

1661年 荷兰人投降，退出台湾

1644年明朝灭亡后，忠于明朝的大臣们在江南陆续建立了好几个政权，历史上称为南明。一心想要统治中国的多尔衮怎么可能容忍明朝死灰复燃呢？他迅速派出军队下江南。明朝军队在崇祯朝时，都只能凭借着山海关苦苦抵抗清军的入侵，此时就更不是清军的对手了。南明军队一败再败，前后好几个皇帝都被清军俘虏。最后一任皇帝永历帝更是逃到了缅甸，但最终还是没能逃过清军的追击。1662年，永历帝被吴三桂俘获并杀死，南明政权也覆灭了。

清朝在建立的时候，就颁布了《剃发令》和《易服令》，规定汉人要剃满人的发式、穿满人的衣服。在这之前，汉人穿的是交领右衽的汉服，而满人为了骑马打仗方便，穿的是有扣子、立领子的旗袍马褂；汉人留着头发、盘成发髻，而满人都是把大部分头发剃掉，只留后脑的一小撮（cuō）编个小辫子。多尔衮这么做是为了让汉人从文化上表示对满人的臣服。汉人对这两个政策爆发了激烈的抵抗，但最后还是被清军镇压了。

一起搬家到四川吧

明末的天下，群雄并起。与李自成同时揭竿而起的，还有张献忠。就在李自成撤出北京的时候，张献忠在成都称帝，定国号为大西。李自成死后不久，他便起兵北上抗击清军。但是由于遭到叛徒告密，在途经川北西充的凤凰山时，他中伏被杀，大西政权也失败了。张献忠死后，他的许多部将又投靠南明，与清军在四川打了很多年的仗。

多年的仗打下来，四川地区的百姓跑的跑、死的死，民不聊生，上好的水田也都抛荒长满了杂草。原来的天府之国都没有多少人家了。清政府得知后，在1649年颁布了"垦荒令"，鼓励大家去四川开荒种田，并把开荒的多少和户口的多少当成任务布置给地方官。这样一来，百姓在官员的帮助下，鼓足干劲开荒种田，恢复生产。同时，清政府又组织移民，安排周围省份尤其是湖广地区的百姓搬家去四川。大家都知道四川土地肥沃、生活安逸，现在又有官府的政策优惠，许多在战争中失去土地的农民都主动要求去四川。慢慢地，四川的人气越来越旺，天府之国又恢复了往日的喧闹。

17

03

康熙皇帝登基，
开创了难得的盛世！

1670年 手表上首次出现分针　　1671年 法国建立欧洲最早的炮兵团

1667年 康熙皇帝正式亲政

▼ 康熙皇帝与蒙古王公们在多伦会盟。

南明最后一个政权灭亡的那年，顺治皇帝已经病死了。他的儿子玄烨（Xuányè）继位，改元康熙，这就是清圣祖，他即位时只有八岁。按照顺治皇帝的遗诏，在康熙皇帝能亲政前，要由四个满族大臣辅佐他。这四个大臣中，掌管兵权的鳌拜特别骄横跋扈。年少的康熙皇帝巧妙利用了鳌拜的自大和傲慢，在自己十四岁亲政后找机会除掉了他，一举结束了四大臣辅政的局面。从此，康熙皇帝开始励精图治，使建立不久的清朝渐渐强盛了起来。

大疆土！

不久，有一件事又使康熙皇帝焦虑起来，那就是盘踞在台湾地区的郑氏家族。1661年，民族英雄郑成功带领将士进军台湾，赶跑了那里的荷兰侵略者。从此，郑成功就以台湾和澎湖作为基地，不断派出军队劫掠骚扰清朝的福建和浙江沿海。收复台湾的第二年，郑成功去世，他的儿子郑经继续与清朝为敌。

但郑经不思进取，每天喝酒玩乐，他手底下的官员也贪污腐败、欺负百姓，台湾的百姓都讨厌他们。许多原来属于郑家的部将和士兵，纷纷找机会投奔了清朝。当时沿海地区的一些人或受过郑成功的恩惠，或怀念明朝政府，就明里暗里帮助台湾的郑家。康熙皇帝知道这些情况后，十分生气，颁布了严厉的迁海令，不仅不允许人们出海通商打鱼，甚至命令沿海几十里的人家都搬

19

走。这样一来，郑家的军队上岸时，别说通风报信和接应的人了，连一粒米都找不到，台湾岛上的生活更艰难了。

1683年，经过精心准备，施琅带着清朝大军乘船攻打澎湖。此时，郑家的军队都不想再打仗，纷纷向清军投降。澎湖被攻下后没多久，郑经的儿子郑克塽就代表台湾向清朝投降，表示归顺了。

除了平定台湾以外，康熙皇帝还向南平定了三藩之乱，向东北打败了入侵雅克萨的俄国军队，向西北打败了叛乱的噶尔丹。他英明果断，指挥沉稳，为清朝打下了一片大大的疆土。

你知道康熙皇帝是用什么办法，让北方邻居愿意与我们和平相处的吗？

和北方邻居讲和吧！

自古以来，一直困扰着我国多数皇帝的一个重大问题，就是如何和我们北方的邻居相处。在这个问题上，一些皇帝选择建造一道又高又厚的长城，把他们挡在长城外；而另一些皇帝选择派出大批军队把他们赶走。但无论怎么选择，两边都在打仗。那么，有没有办法可以使双方和平相处呢？还真有。这个问题的答案被康熙皇帝找到了。康熙年间，位于今天蒙古国的漠北蒙古两个部落因为部众的归属发生了内斗，原本都已约定和好，却又被噶尔丹和沙俄从中挑拨，最终彻底决裂了。

俗话说"清官难断家务事"，康熙皇帝对这件事很是头疼。直到噶尔丹叛乱被清军平定，康熙皇帝眼睛一亮，机会来了！1691年，康熙皇帝在打败噶尔丹后召集蒙古各个部落的汗王，在多伦举行了会盟。在会盟中，康熙皇帝让闹别扭的两个部落重归于好，并且建议漠北蒙古的各个部落像

扬州画派

扬州画派是清朝康熙到乾隆年间，一群画画风格类似的画家的总称。康熙到乾隆年间，在今天的江苏扬州地区，有一群以卖画为生的画家。他们的画虽然各不一样，但他们身上有很多相像的地方：首先，他们的日子都过得不太好，郁郁不得志，因此，他们的画里往往都能看出内心的不平；其次，他们的画都很讲究，强调要把画的神韵画出来；最后，他们的画里往往都加入了诗和书法。他们对中国后世画家的画画风格产生了很大的影响。其中最有名、最厉害的八个人，即汪士慎、黄慎、金农、高翔、李鱓、郑燮、李方膺、罗聘，在今天被叫作"扬州八怪"。

1680年 芭蕾舞首次从法国传入德国　　　1683年 首批德国移民来到北美

1683年 郑克塽降清，台湾纳入清朝版图　　1684年 康熙皇帝第一次南巡

▲ 康熙皇帝南巡，看到江南水乡的人们生活富足、安居乐业。

漠南蒙古一样，实行清朝的盟旗制度。盟旗制度，就是让各个部落把自己的部众像清朝八旗一样编列成旗，再把几个旗合成一个盟，大家选一个盟主负责监督和调解。这样一来，各个部落再也不会因为部众的归属产生矛盾。即使闹了一点儿小别扭，盟主也可以及时调解，不至于又打仗。汗王们对

康熙皇帝又是害怕又是敬佩，一致同意了康熙皇帝的提议。

治理黄河的大功劳

平定了东南西北各地方的叛乱之后，康熙皇帝一刻也没有休息，又把目光放在了黄河上。

明朝末年到清朝初年，由于贪官污吏横行，黄河水利设

施年久失修，几乎每年都要决口。仅1662年到1677年，大规模的决口就有六十七次之多。每次决口，都是下游老百姓的灾难。好好的母亲河硬是变成了"作恶河"。

一想到决口后百姓们没衣服穿没地方住，康熙皇帝担心得饭也吃不下了。他想了又想，任命靳辅（Jìn Fǔ）专门

负责治理黄河。而靳辅确实是个有本事的人，他心系百姓，亲自去黄河边考察了整整两个月，最终想出了治河的办法。虽然一开始其他大臣不同意他的办法，但康熙皇帝坚持让靳辅修河。从1677年到1692年，整整十五年，靳辅都在一心一意治理黄河，最终病逝在了工作岗位上。经过靳辅的治理，黄河在此后的许多年里再也没有发生过大的决口，两岸百姓都安居乐业，黄河真正成为一条母亲河。

康熙皇帝自己也非常关心黄河的治理以及沿河百姓们的生活，他六次南巡，每一次都要去视察黄河，共计花了整整二十六天的时间在巡视河工上。除此之外，每到一处，康熙皇帝都要考察当地的官员，看看是否有人贪污腐败、欺负百姓。他还仔细询问当地百姓家里的生活和地里的收成。百姓们都认为康熙皇帝是一个难得的好皇帝。

解决土地问题

刚入关时，多尔衮颁布了《圈地令》和《逃人法》。北京附近的大片土地被旗人蛮横圈占，大批可怜的农民失去土地，成为旗人的奴隶，从此过着悲惨的生活。

而在鳌拜等四大臣辅政时，只关心旗人生活的鳌拜等人更是放任圈地的出现。这下子，旗人老爷们倒是开心了，各个都富得流油。但是，要缴纳赋税的土地越来越少，可以征来干活的壮丁也越来越少，整个国家的利益受到了损害。除此之外，从皇太极时代就开始努力修复的满人和汉人的关系也越来越差了。

年少的康熙皇帝非常敏锐地察觉到了这一点。于是，在他刚刚亲政的康熙八年，也就是1669年，康熙皇帝下令永远禁止圈地，再不许旗人随便霸占汉人的土地了。自此以后，汉人农民们悬着的心才算是放了下来，一想到再也不用担心自己的土地被人强占了去，大家干起活儿来都格外有力气！

过去的皇帝们是通过多收税让国家变得有钱，为什么康熙皇帝下令减少税收呢？

"滋生人丁永不加赋"是什么政策？

古话说："普天之下，莫非王土。率土之滨，莫非王臣。"意思就是全天下的土地都是帝王的，然后这土地上的人呢，也都是帝王的人。自古以来，国家让老百姓们缴纳的赋税就分成两部分，一部分是土地税，就是说地里种出来的

1689年 首届现代贸易展览会在荷兰莱登举行

1692年 英国发行国债100万镑，是世界上首次由国家发行公债

粮食交给国家一份；另一部分就是人头税，就是说家里的人，尤其是能干活的成年人，有一个算一个，按人头给国家交钱。因此，历朝历代的皇帝，在祭祀天地时，都会请求神灵保佑来年五谷丰登、人畜兴旺，这样就能多收许多钱粮，国家也就更强大了。

康熙年间，圈地停止了，黄河得到了治理，也不怎么打仗了，百姓们过上了难得的好日子，人口规模也迅速恢复壮大。康熙皇帝非常高兴，为了给百姓们更多的福利，康熙五十一年（1712年），康熙皇帝宣布从此以后，不管老百姓生多少孩子都不用多交钱，人头税只按这一年的数额收，这是从来没有过的大好事，历史上称其为"滋生人丁永不加赋"。

如果你是生活在康熙皇帝时代的读书人，你愿意追随这个皇帝吗？

学士们的新希望

跟自己的爷爷皇太极一样，康熙皇帝也是一个热爱学习、善于学习的人，他非常了解儒学，而且非常重视汉族学士们的意见。

在结束四大臣辅政之后不久，1677年，康熙皇帝命令设立南书房，并且选拔有本事的饱读诗书的学士在里面值班。这些学士平常除了陪着康熙皇帝写诗画画对对子作文章，更重要的是跟康熙皇帝一起商议国家人事、草拟圣旨。康熙皇帝非常信任他们，就连外出巡视时也带着他们，渐渐地，什

万卷大书 《古今图书集成》

《古今图书集成》是康熙年间编成的现存部头最大、保存材料最多的类书。《古今图书集成》全书一共一万卷，耗时整整二十八年才编撰完成。这一部书中，几乎包含了清代以前各类图书中的精华。很多今天已经看不到的古籍，都是在《古今图书集成》中又重新找到的。这是康熙时代留给后世的宝贵财富。

么大事小事也就不和议政王大臣会议的那些八旗的"老古板"商议了。为了能找到更多人才，在设立南书房两年后，康熙皇帝宣布加开一次"博学鸿词科"，天下读书人，只要认为自己读了很多书很有本事又有官员推荐的，便都可以去考试，康熙皇帝还要亲自考校

23

▶ 康熙皇帝修改了税收政策后，努力耕作的农民们减轻了负担。

奉旨编成的 《康熙字典》

《康熙字典》由清代张玉书、陈廷敬等奉诏编纂而成，并于康熙五十五年（1716年）印行。它是我国古代收录字数最多的一部字典，同时它也是中国第一部以字典命名的辞书。它一共收录了汉字四万七千零三十五个。除了收录字数最多外，《康熙字典》对于每一个字的读音和释义，收录得也很完全，每一个含义的用法，都详细地逐条举出例子。

他们呢。此时，正值"三藩之乱"，有好多江南的读书人都在暗暗希望吴三桂能打败清军，这样他们就能有官做了。这下好了，"博学鸿词科"一开，很多读书人看到了当官的希望，一下子就又都倒向了朝廷，高高兴兴考试去了。就这样，康熙皇帝巧妙地收揽了很多江南的读书人。

康熙皇帝在位六十一年，是中国历史上在位时间最长的皇帝，也是中国历史上少有的有作为的皇帝。在他的统治下，中国历史上持续时间最长的盛世"康乾盛世"开始了。

04

一年只放半天假的
劳模皇帝登场了

康熙皇帝的传位

　　遵从汉族儒家传统的康熙皇帝早在1675年，就把皇后所生的嫡次子胤礽（Yìnréng）立为皇太子，并对他悉心培养、严格教育。但胤礽不仅处理国事的水平很低，就连品德也很恶劣，甚至早早露出了想登基的心思。

　　康熙皇帝又生气又难过，终于在1708年，立下太子三十多年以后，下定决心废黜了胤礽。这样一来，几位年长的皇子都开始在暗地较起劲来。历史上把这一段故事称为"九子夺嫡"。最后，在康熙皇帝驾崩以后，大臣们根据他留下的遗诏，宣布由康熙皇帝的第四个儿子胤

禛（Yìnzhēn）来继承皇位，这就是历史上有名的劳模皇帝——雍正皇帝。一年三百六十五天，他只在生日那天给自己放半天假，剩下的时间他都在工作。

　　雍正皇帝对费尽千辛万苦才得来的皇位格外珍惜，绝对不会允许任何人从他手里分走哪怕一点儿权力。

军机处是做什么的？

　　军机处一开始是雍正皇帝为了更快地处理西北战事而设立的。在那个时候，没有电话也不能发电子邮件，所有的消息都要用人和马来传递，从西北青海到都城北京，一来一回怎么也得一个月以上，所以，尽快

为了巩固自己的权力，雍正皇帝推行了哪些措施呢？

处理情报的同时，注意保密就显得非常重要。

　　雍正皇帝一想到内阁和议政王大臣会议的那些白胡子老头儿就来气，他们一天到晚吵得口水横飞，如果事事都和他们商量，那这仗可就真的别想打了。更何况，军情紧急，更需要快速应对，做出决策。于是他在内阁外设立了军机处，专门负责处理西北的军务。军机处里的军机大臣和军机章京

1714年 英国人亨利·米尔获得打字机专利权

1708年 康熙皇帝第一次废太子　　　　1712年 清朝规定"滋生人丁永不加赋"

▲ 雍正皇帝设立了军机处处理事务。军机处官员们的职位有军机大臣和军机章京。

1718年 西班牙禁止"大帆船"运载中国蚕丝与丝织品　　1719年 英国人笛福著成《鲁滨逊漂流记》

们，哪敢对雍正皇帝说一个不字。雍正皇帝发现，军机处处理政事的效率很高。于是慢慢地，不仅是西北的军务，全国大大小小的事情，雍正皇帝都改在军机处处理了，因此军机处也就取代了议政王大臣会议、内阁和南书房，成为清朝实际上最有权力的地方。

除了设立军机处，雍正皇帝还从康熙皇帝那里继承了密折制度。每当地方的大官去上任前，雍正皇帝都会交给他一个带着锁的小盒子，上面的锁配有两把钥匙，分别在雍正皇帝和官员的手里。从此，官员有什么事情要偷偷告诉雍正皇帝或者要打其他官员的小报告，都会给雍正皇帝写奏折，然后装在小盒子里锁好送到北京，雍正皇帝回复之后再锁在小盒子里送回去。这样一来，大大小小的官员都不敢背着雍

正皇帝搞小动作，生怕一做什么就被其他官员告发。

西宁府的设立

巩固了自己的权力，雍正皇帝干起事来可就方便得多了。他先是平定了青海蒙古部落的叛乱，并借机在青海设立了办事大臣。在这之前，清朝对青海的管理方法是让当地部落的头领管理部众，清朝政府给这些头领相应的官职就好。现在可就不同了，叛乱平定以后，青海蒙古部落的头领们对清朝又尊敬又害怕。雍正皇帝趁这个机会于1725年在青海设立了西宁府，把原先部落首领管理的土地和民众直接交给清朝派去的官员管理。

青海蒙古部落的叛乱受到了西藏的宗教势力影响。在平定了叛乱以后，雍正皇帝借机加强对西藏的管理。他借着大

圆明园

圆明园是我国历史上负有盛名的园林建筑。它最早是康熙皇帝赐给后来的雍正皇帝，当时的四阿哥胤禛的园林。前后历经一百五十余年的建设，圆明园园林面积达到三百五十公顷，有足足五百个足球场那么大。它富丽堂皇，不仅运用了中国传统的造园艺术和园林风景，也吸收融合了西方的造园技术，被西方传教士称赞为"东方的凡尔赛宫"。1860年，圆明园惨遭英法联军劫掠与焚毁。1900年，八国联军侵华，再次对圆明园进行疯狂的破坏，有"万园之园"美称的圆明园彻底变成一片废墟。

胜的余威，在西藏设立了驻藏大臣，这样一来，西藏一有什么风吹草动，驻藏大臣就可以第一时间向北京汇报了。

1721年 罗伯特·沃波尔任英国首相，内阁制由此形成　　1724年 巴黎证券交易所开业

1720年 清朝设公行制度，负责西洋各国贸易

▼ 为了加强对西藏地区的
  控制,雍正皇帝在西藏
  设立了驻藏大臣。

1729年 英国人S.格雷首次区分导电体和绝缘体

1733年 英国人约翰·凯伊发明飞梭织布机,
"工业革命"开始

1730年 "文字狱"徐骏案发

1733年 清朝政府命令各省设立书院

05

富有的乾隆皇帝
和富庶的乾隆时代！

世界大事记 中国

1746年 美国人本杰明·富兰克林开始研究电现象

1738年 清朝变更孔子从祀位次，有子升为十二哲，朱子位次下移至十二哲末　　　　1750年 北京清漪园（今颐和园）开始修建

▼ 乾隆皇帝坐在高台上
　阅兵。

1762年 法国人卢梭发表《社会契约论》

1751年 乾隆皇帝首次南巡　　　　　　1757年 乾隆皇帝下令仅保留广州一地作为对外通商港口

1792年，已经八十二岁的乾隆皇帝回顾自己的一生，以"十全武功"来概括自己即位以来的五十七年在军事上取得的成就。你知道"十全武功"是什么意思吗？

乾隆皇帝登场了！

雍正皇帝每天批阅奏章到深夜一两点，平均每天要写七八千字的批复。这样大的工作量，马拉松运动员都受不了。在即位十四年以后，雍正皇帝就驾崩了。根据雍正皇帝的遗诏，他的第四个儿子爱新觉罗·弘历即位登基，定年号乾隆。

雍正皇帝留给儿子乾隆皇帝的，是一个经济富裕、军队强大、政治清平、人心安泰、国力蒸蒸日上的大清国。有了父亲和爷爷两代人七十多年的积累，乾隆皇帝的荷包里有的是钱。而乾隆皇帝花钱的本事，也是很厉害的。

"十全武功"的成绩

十全武功，说的是乾隆在军事上打了十场大胜仗。这十场胜仗，包括打败准噶尔蒙古两次，平定新疆的回部叛乱一次，打败大小金川两次，打败缅甸、越南各一次，平定台湾一次，打败廓尔喀两次。这十场战争，把清朝的边境巩固得牢牢的，新疆和西藏受到了朝廷的直接管理。

乾隆皇帝在位时，清朝的版图十分辽阔，这对今天我们国家的疆域有着很重要的影响。但是，在这十场战争中，军队的开销也是十分惊人的。乾隆皇帝在位六十年间，平均每年花在对外战争中的经费至少有二百五十万两白银。如果按一两白银相当于现在的两百元至三百元人民币计算，乾隆时期每一年的战争经费就要有五亿元至七亿五千万元，这在主要依靠农业生产的古代社会，已经是天文数字了。

江南巡视的任务

乾隆皇帝最尊敬也最崇拜的人就是自己的爷爷——康熙皇帝。从小他就立志要和自己的爷爷一样，做一个励精图治的皇帝。除了扩大巩固国家的领土外，乾隆皇帝还像康熙皇帝一样多次去江南巡视。

他先后在1751年、1757

1764年 英国人詹姆斯·哈格里夫斯发明珍妮纺纱机

1772年 乾隆皇帝下令征集天下图书，编纂《四库全书》

年、1762年、1765年、1780年、1784年六次南巡。不同于自己的爷爷，乾隆皇帝每次下江南都是浩浩荡荡、前呼后拥。每次巡视，光负责保护乾隆皇帝的官兵，就有三千人，此外还有六千匹马和四五百艘船。除此之外，乾隆皇帝每到一个地方都要入住当地特地为皇帝和随行的官兵准备的行宫，还要征调许多百姓给他们服务。这修造行宫和征调百姓，又是很大的一笔开支。

当然，花销虽多，乾隆皇帝南巡也不是一味在玩，还是做了许多实事的，如巡视治河工程的进度，奖励积极报效朝廷的士人，询问民间百姓的生活疾苦，狠狠地惩罚贪官污吏，检阅南方的军队，祭祀明朝皇帝朱元璋的陵墓等。这一系列的事情，又一次改善了朝廷和江南百姓们的关系。百姓们安居乐业，努力生产；读书人也都立志好好读书，争取通过科举走上仕途。

富庶的乾隆时代

乾隆皇帝在位期间，清朝的经济实力达到了最强。北方的百姓们开动脑筋，挖深井打水灌田，使得原本种不出粮食的干旱地成了年年丰收的水浇地；南方福建地区的百姓，种起了好吃又高产的红薯。这下，在"七分山二分水一分田"的福建，贫民们缺粮挨饿的情况得到了缓解。最富庶的，还要数乾隆皇帝六次到访的江南。

江南地区有好多地方的百姓已经基本不用辛苦种地了，

千叟宴

"叟"是古代对老人的一种称谓。千叟宴就是皇帝邀请很多超过六十岁的老人到皇宫来做客，设宴招待他们。"人生七十古来稀"，在古代，老人数量多是一个国家兴旺发达的重要标志。千叟宴早在康熙时期就举办过了。乾隆皇帝继承爷爷的传统，一生一共举办过两次千叟宴。最大的一次是在嘉庆元年，那一年，正式让位给嘉庆皇帝的他，已经八十六岁了，那次举办的千叟宴，一共有五千九百多名老人参加。其中百岁以上的，就有十几位。他们从全国各地齐聚北京，共同祝愿盛世繁荣昌盛、老人们健康长寿。这样的好事，自古以来是从没有过的。

▲ 乾隆时期，江南丝织业
十分发达。

假想一下，如果你
生活在乾隆时代，
你会从事什么工作
来赚钱？

34

世界

大事记

中国

1778年 法国承认美
利坚合众国

1783年 法国人蒙哥尔费兄弟发明热气球，实现人类第一次自由飞行

1786年 法国里昂工人罢工

知识充电站

乾隆的爱好

　　乾隆皇帝除了是一个励精图治又有一点儿小虚荣的皇帝外，还是一个有很多爱好的人。他最大的爱好有三个：第一是写诗，乾隆皇帝一辈子一共写了四万多首诗，平均每天至少写一首，单看数量，绝对是古今中外第一大诗人了。第二是题字，乾隆皇帝不仅每到一个地方动不动就题字，皇宫里珍藏的古玩、字画，他也统统没有放过，给题了一个遍。第三是喜欢西洋来的新鲜玩意儿。像自鸣钟、西洋乐器，甚至是西洋来的玩具狮子，乾隆皇帝都非常喜欢。

　　他们每天只要在家织布，卖布的钱就够抵家里所有人的开销。就连普通人家，都会买一两匹丝绸放在家里给子女结婚的时候用。要知道，在同时期的欧洲，来自东方的丝绸是只有拥有城堡的贵族老爷和挺着大肚子的大商人才能穿得起的奢华衣料呢。

　　而著名"瓷都"——江西景德镇的制瓷器技术也在这时候迅速发展。乾隆皇帝特别喜欢五彩斑斓、漂亮华丽的瓷器。为此，景德镇的制瓷工憋足了劲，把从康熙朝开始尝试的珐琅彩瓷器发扬光大。不得不说的是，乾隆时的珐琅彩瓷器，雍容华贵，让人看了就觉得高贵、典雅、大方，简直就像珠宝一样。

▲ 乾隆皇帝学着他的爷爷康熙皇帝六次巡视江南。

知识充电站

四库全书

- -

修撰《四库全书》是乾隆年间的一项大型修书工程，一共有三百六十多名学者负责编纂，三千八百多人专门负责抄写。编完这一套《四库全书》，一共花了整整十三年的时间。《四库全书》一共收书三千四百多种，全书近8.6亿字，自1773年开始纂修，经十年完成。《四库全书》修成之后，乾隆皇帝下令抄写了七份，分散保存在全国各个地方。二百多年以来，七套《四库全书》目前只剩下了四套。《四库全书》是古人留给我们的非常重要的宝贵遗产，它保留了大量有用的文献和资料。但是，乾隆皇帝在修书时，命人烧掉了许多不利于清朝统治的书，成为历史上的一大遗憾。

06

败亡的伏笔！

这一章里讲到了许多未来将导致清朝灭亡的事情，你觉得这些政策里，最糟糕的是哪一项？为什么？你想生活在这样的时代吗？

▲ 清朝时期的广州十三行。

康熙皇帝在位时，中国是世界上实力一等一的强国和大国。那时候，在中国人眼里，中国是世界的中心，是世界上文明最发达的地方，周围的国家都向往中国的生活。

宗藩体制与理藩院

清朝前期，由六部中的礼部来负责处理跟周边国家之间的关系，有点儿像现在的外交部。那时候，中国拥有很多属国，如暹罗（Xiānluó，今泰国）、朝鲜、缅甸、越南等。他们承认自己是清朝皇帝的藩属国，按时向清朝进贡。相对的，清朝平常并不干涉这些国家自己的事情。对这些国家进贡的东西，朝廷一概收下，并且按照贡品的十倍价值回赐给他们金银布帛。这就是清朝初期的宗藩体制。这下周围的小国家们可找到发财的办法啦，他们当中有的国家一年要向中国进贡三四次，每次都拉着十

▲ 马戛尔尼觐见乾隆皇帝。

倍的回赐喜滋滋地回国。

而北边的蒙古，则由理藩院进行管理。1661年，原本负责管理蒙古的理藩院从礼部独立出来，成为一个独立的衙门。再后来，新疆、西藏也逐渐划拨给理藩院管理。最有趣的是，清朝跟蒙古北边的邻居俄罗斯的关系，也归理藩院管。

虽然经历了康熙、雍正、乾隆三位皇帝的接力统治，清朝在政治、经济、文化、军事等各个方面都达到了顶峰，但是清朝前朝延续的另一个政策，却给清朝后来的衰亡和覆灭埋下了伏笔，那就是闭关锁国政策。

最早的时候，清朝实行海禁，是为了阻止南方沿海的百姓帮助占据台湾的郑家。

康熙二十四年，也就是1685年，康熙皇帝下令在广东、江南、福建、浙江四个省设立海关口岸，允许外国商船

39

在这里靠岸补给以及跟中国百姓做生意。到了乾隆年间，由于英国商人不服从管理，乾隆皇帝于是下令，只留广州一个口岸跟西方人做生意，而且做生意的对象，也被限定为清朝指定的十三家商行。

不仅如此，连买卖的商品种类，清朝也有明确的限制。像粮食、钢铁之类的东西，是明令禁止出口贸易的。尽管对外开放的口岸只剩一个，可来中国的外国商船反而增多了。四个口岸开放时，每个口岸每年平均只有一艘西方商船靠岸；只开放广州一个口岸时，平均每年靠岸六十四艘西方商船。可见，西方人跟中国人做生意的热情，越来越高了。

中西的礼仪之争

清朝对西方来的商人限制很多，但对西方的传教士却非常宽容。从明朝末期西方传教士进入中国以来，中国信仰基督教的人越来越多。到了清朝康熙年间，喜欢西方科技的康熙皇帝更是大手一挥，大方允许西方传教士在中国境内自由传教。听到这个消息，传教士们还不收拾行李，扎着堆儿往中国跑呀！结果这一下，就闹出矛盾了。

在这之前，来中国传教的传教士都属于一个叫耶稣会的组织，他们对中国人祭祀祖宗和先师孔子的行为没有任何意见。但是，新来中国的传教士有的来自多明我会。他们看到中国信徒们又是拜祖先又是拜孔子，很生气，就一口气跑回罗马向教皇告状去了。经过了几番往来，1704年，罗马教皇发布禁约，严厉禁止教徒们拜祖先、拜孔子。

这个事情传到康熙皇帝耳朵里时，他非常生气："你们这些西方蛮夷知道什么！"于是1721年，康熙皇帝下令禁止传教士在中国传教。自此以后，雍正、乾隆年间，虽然传教士们在紫禁城受到皇帝的礼遇，但是天主教会仍然被禁止在中国传教。这就是清朝历史上著名的"中国礼仪之争"。

虽然清朝政府摆足了一副不欢迎西方客人的样子，但在西方世界，大家对这个遥远的东方古国很是好奇。在法国，法国大革命思想家们纷纷颂扬中国的科举制度和文官制度，认为这是全天下最公平最好的制度。1793年，英国甚至直接向中国派出了以马戛尔尼为首的使节团。使节团带着乾隆皇帝喜欢的西方新奇玩意儿，从英国乘风破浪来到广州，又北上去觐见乾隆皇帝。一路上，他们受到了中国人的热情款待。然而，在觐见之前，中国官员向英国人传授礼仪时，双方却吵了起来。中国官员认为，英国使节应该按照中国的传统，向乾隆皇帝三跪九叩，而固执的英国人觉得最多单膝跪地就可以了。大家都很不开心，尤其是乾隆皇帝。最后，虽然马戛尔尼顺利见到了乾隆皇帝，但是他们提出来想跟中国通商做生意的要求，却被乾隆皇帝一口回绝了。

人心惶惶的文字狱

清朝政府在对外闭关锁国的同时，对内也实行了严酷的文字狱和禁书毁书政策。

文字狱指那些因为写文章犯禁而设置的刑狱，早在顺治、康熙年间就已经出现了。例如，在1661年，有人告发浙江一名名叫庄廷鑨(Zhuāng Tínglóng)的文人召集人员私自编辑《明史》，于是，朝廷下令把已经死去的庄廷鑨从坟里挖出来开棺戮尸。把他的家人和那些为书作序的、卖书的、

印刷的甚至藏书的以及当地的官吏统统处死和充军，这个案子一共株连致死二百多人。

到了雍正、乾隆时期，文字狱变得越来越酷烈，甚至有人只因为写错一个字或写了两句诗词就丢掉了性命。除了利用文字狱打击文人外，乾隆皇帝还利用编修《四库全书》的机会，命人大肆焚毁有反清思想的书籍。他们不仅集中销毁明朝后期关于后金大臣的奏章与反清文人的各类著作，就连各类史书中涉及辽金元等少数民族政权的部分，如果有可能诱发反清思想，他们也加以涂改。因此，在编修《四库全书》时，被销毁的图书就有三千种之多。

知识充电站

外销画

外销画指的是清朝期间从中国卖往国外的画。这一类画跟传统的中国画相比，多了一些西洋的画法和风味；跟西洋画一比，又"中国味儿"十足。1757年，自广州成为唯一的通商口岸以后，在十三行出现了专门模仿西方绘画风格和方法的画家。这些画家，有的有出国学习绘画的经历，有的则是跟随从西方来到中国的画家学习绘画。但是他们最根本的绘画方法，还是地道的中国范儿。这些外销画上，往往画的都是中国的物产风俗、日常生活，尤其是有钱人家舒适快乐的日子。到19世纪中后期，外销画就逐渐衰落了。

07

到清朝去
看书、听戏吧！

乾隆时期，经济的发展和繁荣把清朝的文学艺术推向了新的高峰。

京剧的诞生

在京剧历史上，1790年的徽班进京起着非常重要的作用。

1790年秋天，为了庆祝乾隆皇帝八十岁生日，扬州盐商在安庆组织了徽剧班子进京，为乾隆皇帝贺寿。这时候的北京城，正处于戏剧"花雅之争"中花部压倒雅部的关键时刻。徽班进京时，正是各种花部戏曲争奇斗艳的时候。

徽剧是在徽商的影响下形成的戏曲种类。那些有钱的徽商听过的戏剧多不胜数，能让他们看得上眼的徽剧水平也很高。这个叫三庆班的徽班在北京获得了巨大的成功，演员们演了一场又一场，百姓们还是蜂拥而至，听得如痴如醉。看到这个情况，其他几个徽剧班子也铆足了劲儿打进北京城。四大徽班很快就成为北京戏台上的常青树，百姓们百听不厌。而这些徽剧班子也跟北京的其他花部戏曲班子交流融合。演员们没事就聚在一起切磋比试、相互请教。慢慢地，一个新的戏剧种类就在这个基础上诞生了，这就是京剧。

◀ 清朝的百姓都特别喜欢听戏，京剧在此时大受欢迎。

43

大放异彩的小说时代

除了看戏之外，老百姓们闲下来还想看看小说。这里就给大家介绍三部非常有名的清朝小说：《红楼梦》《聊斋志异》《儒林外史》。

《红楼梦》

《红楼梦》的作者叫曹雪芹，先世是汉人，后入满洲正白旗籍，出身官宦世家。曹雪芹的家世原本非常显赫，但他十几岁的时候，曹家因为卷入朝廷政治斗争而衰落，这对曹雪芹是一个很大的打击。曹家生活日渐艰难，曾经锦衣玉食的曹雪芹，后来只能靠卖字画和朋友接济为生。深感世态炎凉的曹雪芹决定写一部小说来反映人生的起落，这就是《红楼梦》。

《红楼梦》讲述的是一个贵族家庭从繁荣兴盛到衰落破败的故事。小说的主人公贾家公子贾宝玉和他的表妹林黛玉情投意合，可惜无法得到认可。林黛玉后来心情郁郁，害病死去，贾宝玉离家出走，而贾家也像一座失去了柱子的大厦，呼啦啦倒塌了。曹雪芹花了十年时间写成《红楼梦》，

贫穷的生活使他变得体弱多病，爱子夭折更让他感伤成疾，才写到第八十回他就去世了。后来，一个叫高鹗的人又按照曹雪芹原来的构思继续整理了四十回，这才使红楼梦成为一部完整的小说。

《聊斋志异》

《聊斋志异》的作者叫蒲松龄，他一直科举落第，但在文学创作上成就颇丰，其中最具代表性的作品，就是《聊斋志异》。《聊斋志异》的创作还有这样一个小故事，说是蒲松龄在自己家乡柳泉的大路边摆了一个茶摊，不管男女老少，他都欢迎。每次有人在他的茶摊上休息，蒲松龄就会请那人讲听过的稀奇古怪的故事，当那人讲得口干舌燥时，蒲松龄就送上一杯热茶。

晚上回家后，蒲松龄就会赶紧回想白天的故事，再加上自己

▼ 清朝人闲暇时也爱读小说。

的创作，慢慢地就创作出《聊斋志异》。这个故事的真假不可考证，但是我们能从中看到蒲松龄创作的辛苦和热情。这本小说讲的虽然是神仙鬼怪，但它却真实揭露了人性。

《儒林外史》

与《聊斋志异》不同，《儒林外史》讲的都是实实在在的、活生生的故事。它的作者吴敬梓是一位少年得名的大才子，因为看见清正廉洁的父亲在官场被其他官员排挤，一辈子不得志，就早早放弃了科举。

《儒林外史》以一些被科举毒害的读书人作为描写的对象，写出了当时非常糟糕的社会风气。比如其中的一篇《范进中举》，参加了好几次乡试的老秀才范进家庭穷困，不仅周围人嘲笑他，就连他的岳父也瞧不起他。结果有一次，范进时来运转，一下子考中了举人。这下大家都像变了一群人似的，送钱送粮送土地，还有的自己主动要求到范家当仆人。我们的主人公范进呢，一下子受不了这样的冲击，竟发了疯。还是他凶恶的屠夫岳父狠狠地给了他两记耳光，才把他打醒。这样前后强烈的反差，真是非常讽刺。

▼ 看到自己中了举人，久不得志的范进发了疯。变了质的科举制度，毒害了许多人。

08 被腐蚀的盛世王朝

◀ 因为皇帝宠幸和珅，大家纷纷想尽办法去讨好和珅，这样就能平步青云了。

正所谓"物极必反"，大清朝的衰落也是从乾隆朝开始的。乾隆皇帝晚年时，变得固执自大。他极度宠幸大贪官和珅，使得官场迅速变得污浊不堪。就在乾隆皇帝禅位给嘉庆皇帝的同一年，湖北、四川的白莲教起义爆发了，持续了一百多年的康雍乾盛世，就这么走上了下坡路。

1799年，乾隆去世十五天之后，嘉庆就勒令和珅在监狱里自杀了。和珅死后，嘉庆皇帝查抄了和珅的全部财产，没想到和珅多年来积累下来的财富竟然相当于国家十年的财政收入！因此民间有"和珅跌倒，嘉庆吃饱"的说法。但和珅死后，

官员们的贪污腐败还是毫无收敛。因此，原本持续了康雍乾三代的河防工程，也没有动力再继续进行下去。到了道光皇帝和咸丰皇帝在位时，黄河终于不可遏制地发生了大洪水，河防彻底崩坏。原本的"母亲河"再次使沿河百姓陷入困境。

这个时候，旗人老爷们的

46

1795年 法国确立宗教信仰自由

1801年 海地颁布宪法，宣布废除奴隶制，脱离法国独立

1794年 四川、湖北一带白莲教兴起

生活也遇到了巨大的困难。入关以后，战争越来越少，旗人们上阵打仗挣军功的机会也越来越少。闲下来的旗人们整天无所事事，在家里坐吃山空。两百年下来，祖宗的老本越吃越少，很快很多旗人家里就穷得连米汤也喝不上了。康雍乾的时候，旗人们躲在盛世的庇护下，时不时还能从皇帝那里讨来点奖赏。到了国运衰退的嘉庆、道光时期，旗人日子越来越难过。原先入关时那支能征善战的八旗劲旅也早已堕落得如同烂泥一般。

面对日渐衰败的国家，才能平庸的嘉庆皇帝既没有任何办法，也缺乏改变的勇气。他的儿子道光皇帝跟他一样守旧且无能。整个道光年间，皇帝和大臣们一直在争论的事情说起来其实就三件：要不要放弃漕运，改走海运从江南往北京运粮食？要不要整顿禁止私盐？要不要向民间开放矿山？这三件事情的答案其实非常简单，当然三个都是"要"。但是，到了道光朝，原本运送粮食的漕运变成了给各级官员输送利益的渠道，他们当然不愿意失去这个巨大的财源；私盐贩子的泛滥就是盐商们抬高盐价的后果，盐价越高，主管盐政的官员们挣的钱也就越多；允许民间开矿本来是增加国家收入的好办法，但是这对原来凭借权势霸占矿山的官员们来

知识充电站

魏源和《海国图志》

魏源是清代末年有名的思想家，是"经世致用"学说的典型代表。《海国图志》是魏源的代表著作。1844年，五十岁的魏源终于顺利考取了进士，被派到江苏做官。他在林则徐的帮助和影响下，结合自己搜集的一些资料，写成了《海国图志》一书。在这本书中，魏源首次提出了"帅夷长技以制夷"的观点，主张学习西方的军事技术和军事制度。这本书在国内没有受到重视，却在日本产生了重大的影响。在此书的指引下，日本孕育了近代伟大的改革运动明治维新。

知识充电站

龚自珍 和《己亥杂诗》

龚自珍是清朝的思想家和诗人。1829年，龚自珍第六次会试通过，但名次也不高。通过考试之后，龚自珍曾担任一些官职。但都因为他心直口快，老是揭露时弊，从而不断遭到打击报复。在龚自珍四十八岁那年，心灰意冷的他辞官回家。在往返家乡和北京的路上，心忧家国的龚自珍写下了很多激昂、深情的忧国忧民的诗文，这就是著名的诗集《己亥杂诗》。不幸的是，在龚自珍辞官回乡的第二年，他就因急病去世了。

说无疑是晴天霹雳。所以，趴在国家身上吸血的官员们给出的答案都是"不要"。清朝正在朝它宿命所指的那个方向一步步走去。

09

中国近代史的开始：
从这个外强中干的
大国说起

与鸦片的对抗

18世纪末期，当乾隆皇帝自以为大清是世界第一强国时，万里之外的英国已经通过一场工业革命赶超了我们。

在英国，机器代替手工劳作，生产出了大批商品，甚至超过了本国的使用需要。以前，英国花了很多钱从中国进口茶叶、瓷器、丝绸，这回他们要把多出来的商品卖给中国，把钱赚回来。可让英国人生气的是，中国人很少购买他们的商品，使得英国人无法打开中国市场。他们决定放弃合法贸易方式，向中国偷运鸦片。鸦片是会令人上瘾的毒品，一旦沾上，即使家财散尽、身体垮了也无法停止。因此道光皇帝多次下令，严加禁止鸦片的输入和吸食。

然而鸦片走私却日益猖獗。鸦片战争前夕，仅仅英国对华的鸦片输入就达到四万箱之多。上千万的白银外流，加剧了清政府的财政危机。眼见鸦片对国家带来了深重危害，林则徐上书道光皇帝："这样下去，数十年后将没有能打仗的士兵，也没有银子能用作军费了。"

道光皇帝深感威胁，决定派林则徐赴广州查禁鸦片。1839年6月，林则徐把收缴的二百三十多万斤鸦片集中于广东虎门销毁。虎门销烟让清朝的禁烟士气大振，却让英国人损失惨重，他们为未能如愿打开中国的贸易大门而愤怒。

世界 大事记 中国

1839年 法国人达盖尔发明银版照相法

1840年 英国发行世界上第一枚邮票

1842年 美国人克劳福德·W.朗在外科手术中首次用乙醚作为麻醉剂

1839年 林则徐虎门销烟，引发第一次中英鸦片战争

▲ 林则徐在虎门销毁了二百三十多万斤鸦片。

如果你是道光皇帝，在这样的情况下会如何抉择？

第一次鸦片战争

英国早就想侵略中国了。中国严令禁烟后，英国政府总算找到了发动武装侵略中国的借口。1840年，他们从殖民地印度派出舰队，先后从海上封锁了广州、厦门等地，又攻陷了定海（今浙江舟山），并一路北上，抵达天津大沽口外，兵锋直指清朝的统治中心——北京。

清政府震惊不已，立刻处罚了因为销烟而激怒英国人的林则徐，命令大臣琦善赶紧和

49

知识充电站

罂粟（yīngsù）花

罂粟长着碧绿的叶子，开着五颜六色的花，是草本植物，茎的支撑力弱且易折断。

罂粟大约在7纪由阿拉伯人传入。明朝以前，它是一种美丽珍贵的稀有植物，是能治病救人的药材。明朝后期，有人把罂粟花结果后的汁液熬制成有危害性的鸦片。吸鸦片会上瘾，危害身体，甚至还会导致家破人亡。美丽的花朵就这样成了罪恶的象征。其实罂粟还是罂粟，改变的是人们利用它的目的。

英国议和，以化解北京的危机。在广州，琦善见识了英国人的坚船利炮，认为清朝绝非英国对手，迫于压力签订了割让香港岛和赔款的条约。得知这一消息，

道光皇帝怒斥琦善自作主张，而英国则认为自己吃了亏，决定扩大侵华战争。于是，1841年8月，英国舰队自广州海面北上，接连攻占厦门、定海、镇海和宁波。

不平等条约

1842年8月29日，无力抵抗的清政府在南京与英国签订了《南京条约》。随后，又签订了《虎门条约》等补充条约。美国和法国也趁火打劫，强迫清政府分别签订中美《望厦条约》和中法《黄埔条约》，要求获得除割地赔款以外与英国同等的特殊权益。

通过条约，英法美三国在中国攫取了众多利益。最主要的就是允许外国人在广州、厦门、福州、宁波、上海五处通商口岸自由贸易，建立医院和教堂。清朝的贸易大门就此被打开。开放口岸后，中国和外国贸易额逐渐增长，大批洋货涌入，

中国人穿起了西装，用起了洋布、怀表、刀叉，接触到了西方文化思想。

除了开放五处口岸，英法美三国还获得了协定关税、领事裁判权和片面最惠国待遇。

如何理解
这些不平等条约？

先说协定关税。这里的关税指进口关税，就是一个国家要求外国货在进入的时候所交的税，这样它们的成本上升，价格变高，就不好抢本国产品的市场，国家也可以因此获得收入。不过，英国人可不希望自己的货物因为关税而涨价。于是，他们要求清政府把关税降低到5%。本该清政府来定的关税，现在要和外国商量，所以叫"协定关税"。后来，美国、法国瞧着有利可图，也要求获得同样的待遇。

再来看领事裁判权。这是说如果外国人在大清犯了法，

1845年 美国人赫威发明缝纫机

1848年 法国人小仲马著小说《茶花女》

1848年 首批中国劳工抵达澳大利亚悉尼

▲ 1840年到1842年，英国
对中国发动了侵略战争，
史称第一次鸦片战争。

清政府没权审判，得交给外国在清朝的代表处理。这严重侵犯了中国的司法主权。

接下来是片面最惠国待遇，就是"利益均沾"。对列强来讲，谁能在清朝通商口岸自由贸易，建立医院、教堂和墓地，其他签订条约的国家也跟着享受同等待遇。反过来，清朝人到了英美法三国，是绝不享受同等待遇的，所以说是"片面"。

鸦片战争后签订的一系列条约，让列强看到了清朝的外强中干，蜂拥而至争抢利益。一方面，清王朝丧失了独立决断自己命运的权力，深陷亡国危机；另一方面，沉睡的帝国也被迫睁开了看世界的眼睛。

茶叶与鸦片战争

茶是和可可、咖啡并称的世界级饮料。据说18世纪的英国，上至国王，下至挤奶工，人人都爱喝茶。那时大量的茶叶需求让白银源源不断地流入中国。眼见白银只出不进，英国决定也卖点货给中国，谁料自给自足的中国不给它机会。于是，英国就偷偷向中国输入毒害身心的鸦片，让清朝白银流入自己的口袋。国库严重空虚威胁了清朝的统治，道光皇帝便下令严禁鸦片。这可断了英国的重要收入来源，他们恼羞成怒，决定和清朝打一仗，这就是第一次鸦片战争。

51

1849年 葡萄牙在澳门行使排他管理权

10
相信上帝的太平天国

▲ 太平天国颁布了《天朝田亩制度》。

知识充电站

无湘不军

无湘不军，是用来形容湘军的威武勇猛。1851年太平天国运动兴起后，作为政府常备军的绿营军屡战屡败。过去，清朝为防止汉人篡权，立下了不许汉人将领掌握兵权的规矩。可眼瞧着敌人来势汹汹，咸丰皇帝也顾不得这些，命令以曾国藩为代表的一批有才干的汉族大臣组织团练，也就是建立地方武装。接到朝廷指令后，曾国藩在家乡湖南以捍卫孔孟之道为号召，组建了一支精锐的武装力量，这便是湘军。因为骁勇善战，最终消灭了太平天国，民间出现了"无湘不军"的说法。此后，湘军就成了19世纪中后期晚清政府对湖南地方军队的称呼。

1836年，第三次科举落榜后，一心求取功名的洪秀全大病了一场。这时候，一本宣传基督教教义的小册子《劝世良言》吸引了他："这书里的内容不正和自己做过的奇幻的梦一致吗？"洪秀全因此开始对基督产生信仰。1843年，当他第四次科举落榜后，他决心创立"拜上帝教"，自称天父之子、耶稣之弟，开始传教并发展自己的势力。

此时，正赶上鸦片战争后，清政府被迫允许外国人在口岸建立教堂。听说广州城内有教堂，洪秀全特地跑去研习基督教教义。他巧妙地将《圣经》与中国传统学说相结合，让"拜上帝教"更容易被人们接受。很快，大批生活无望的贫苦百姓纷纷加入这个"中西合璧"的神奇宗教。1851年，带着要建立美好大同世界的理想，洪秀全以天王之名建立太平天国，发动金田起义，要推翻清朝的统治。

清朝政府派兵大力围剿太平天国。但是心怀希望、斗志昂扬的太平军所向披靡。1853年春，他们攻破南京，并定都于此。接着太平天国大步发展，他们颁布的《天朝田亩制度》，提出了按人口平均分配土地，共享太平的纲领，这令太平天国的子民看到美好生活的希望。

战场上，势如破竹的太平军势力很快便席卷了大半个中国，清政府心急如焚。危机中，一批有才干的汉族大臣组建起了极具战斗力的军队，其中以曾国藩的湘军最为精锐。起初，湘军在战场上并不占优势，几次大的失败甚至气得主将曾国藩想要自杀。不过，1856年转机出现了，由于领导集团内部的分裂，太平天国迅速衰落。湘军抓住机会，在1864年攻破南京，自此太平天国落下帷幕。

53

11

第二次鸦片战争始末

植物引起的战争
——樟脑战争

你知道为什么会爆发第二次鸦片战争吗?

无理的战争

《南京条约》等一系列不平等条约签订后,外国列强兴高采烈地把大批货物运到了五个开放的通商口岸。他们已经为可能出现的购物潮做好了准备。可时间一天天过去,卖出去的货物微乎其微。怎么会这样呢?一定是开放的口岸不够多!英法美三国便相继向清政府提出修改条约,要求中国全境开放通商,鸦片贸易合法化,免除部分进出口税等。清政府断然拒绝了他们的无理要求。

不过,英国和法国不达目的不罢休,它们以"亚罗号事件"和"马神甫事件"为借口,发动了新一轮对华战争。1858年,英法舰队炮轰天津,威胁北京,美俄趁火打劫。在敌人的迅猛攻势下,清政府被迫同英法美俄分别签订《天津条约》。

北京的威胁暂时解除后,本该密切关注侵略者动向,积

提起晚清的中英战争,我们常会想到1840—1842年和1856—1860年的两次鸦片战争。但实际上,在这两场战争的影响下,中英还爆发过一场以樟脑为焦点的战争。

19世纪中期,作为合成塑料的主要材料,世界对樟脑的需求大增。恰巧盛产樟脑的台湾在第二次鸦片战争后部分开放。于是,早就眼红台湾樟脑的英国人很快垄断了樟脑贸易,台湾百姓的利益受到极大的损害。为平息民愤,1863年清政府将樟脑的专卖权收归官方。英国人不愿意了,在多次要求清政府恢复樟脑买卖自由、赔偿贸易损失未果的情况下,他们于1868年发动了"樟脑战争"。战争以中英签订《樟脑条约》为结局,此后台湾的樟脑制作、出口权均落到了英国人手中。

1856年 森林古猿化石在法国中新世地层被发现　　　　1859年 英国人查尔斯·达尔文出版《物种起源》

1856年 第二次鸦片战争爆发　　　　1858年 《天津条约》签订

55

▲ 据不完全统计，被洗劫的圆明园珍宝约有一百五十万件。现在在英国和法国的博物馆里，还能看到许多英法联军带走的珍品。

1860年 职业棒球运动员开始在美国出现

1860年 英法联军火烧圆明园；《北京条约》签订

▲ 外国公使大摇大摆地出现在北京街头。

极做好防御准备的清政府，却把心思全然扑在镇压太平天国运动上。这下不满足的列强有了可乘之机。1860年，英法联军再次发兵北上。眼看就要打进北京城了，咸丰皇帝仓皇逃到承德的避暑山庄。

英法联军攻入北京城后，不仅大肆洗劫了藏满珍宝的圆明园，还放火烧了带不走的宝贝。大火烧了三天三夜后，曾经的世界名园只剩记录着屈辱的断壁残垣。清政府则与英、法、俄分别签下了屈辱的《北京条约》。因为这次战争与鸦片战争的目的相同，都是要求清政府开放市场，所以被认为是鸦片战争的继续，史称第二次鸦片战争。

吃了败仗，任人欺负

这次战败，清政府先是和英法美俄四国签订了《天津条约》，又同英法俄签订了《北京条约》。百姓们的生活更加暗无天日，中国在世界上愈发没有地位和尊严，昔日的风光和骄傲早已不复。

按《天津条约》《北京条

约》的协定，清政府要割让给列强大片土地，开放更多通商口岸。原来只能停在港口的英国商船，如今能开到长江了。这让身居内陆的清朝人也开始见到来旅行和做买卖的外国人。此外，英法美俄四国为了控制清朝，还要求外国公使进驻北京。

在《南京条约》中开始的领事裁判权也在《天津条约》中被重申。这下，人与人之间的权利与尊严更加不平等了。老百姓不敢惹拥有特权的外国人！因为他们不受清朝法律的约束，犯了罪也可以逍遥法外。

而《北京条约》签订后，更多的中国土地被割让，英国捞到了九龙半岛。俄国人则更贪婪，从19世纪50年代到80年代，先后划走清朝一百五十多万平方千米的土地，这差不多是我国国土面积的六分之一，相当于3.9个日本那么大！

还不止这些呢。曾经被禁的鸦片走私成了合法贸易。在五口通商地区，外国商人利用《北京条约》里允许汉人出国工作的条款，雇佣中国百姓到海外做苦力。

不仅要跟外国人打仗，还要跟自己人斗争

看到自己赚得盆满钵满，英法联军心满意足地撤出了北京。然而咸丰皇帝还没来得及返回北京，就得了不治之症。临终前，他将年幼的继承人托付给了八位经验老到的大臣（又叫"顾命八大臣"）辅佐。

咸丰皇帝驾崩后，八位大臣为小皇帝拟定谕旨，呈给皇上和两位皇太后盖印颁布。然而，小皇帝的生母慈禧太后可不甘心只在奏折上盖印。在她的授意下，有官员上奏了一份奏折——请求太后"垂帘听政"，参与国家政事。慈禧太后是高兴了，可八位顾命大臣不干了，他们认为这有违先帝临终嘱托，而且那时的传统观念里，女性不应该参与政事。见他们人多势众，慈禧太后只好先忍住了心里的怒火。

后来，慈禧太后决定与拥有深厚政治势力的恭亲王奕䜣联手。有了恭亲王的支持，就相当于取得了斗争的主动权。再加上她带着小皇帝在群臣面前上演了被八位大臣欺负的戏码，更激起了维护正统皇权的朝臣们的不满。最终，慈禧太后借着小皇帝的名义，一举拿下八位大臣，从此在太和殿垂帘听政。因为这件事发生在辛酉（yǒu）年，史称"辛酉政变"。

《申报》创刊

随着通商口岸的开放，外国商人纷纷来中国做生意。他们开商铺、办洋行，甚至建报社。1872年4月30日，英国商人美查等人在上海合办了以赢利为主要目的的商业报纸《申报》，这是中国近代第一份报纸。《申报》原名《申江新报》，是当时唯一由外国人创办、中国人主执笔的报刊。从1872年创刊到1949年停刊的77年间，它像一位长者，坚持用人人都能看懂的语言记录着晚清、北洋政府和民国政府三个时代的社会变迁。

12

为了变强，
要虚心向强者学习！

世界 | 大事记 | 中国

1862年 法国人雨果出版《悲惨世界》

1861年 曾国藩在安庆设立军械所，制造洋枪洋炮，洋务运动正式开始　　1872年 《申报》在上海创刊

▼ 洋务派兴建了许多工厂，中国也终于走上工业化的道路了。

想要进步，就要虚心向比自己更优秀的人学习。你知道落后的清朝是怎么做的吗？

19世纪60年代，西方侵略者在签完条约后得意地撤了军，清朝的心腹之患太平天国也被成功镇压，清政府总算能喘口气了。不过此时，朝廷里开明的大臣们并没闲着，他们开始学习西方文化及先进技术，忙着盖工厂、建海军、办学校、生产日用品。这就是洋务派！他们要在一场以"自强、求富"为口号的洋务运动中找到增强清王朝实力、抵御外辱、镇压内乱的办法。

刚签完《北京条约》不久，西方列强已经着手准备派公使进驻北京了。为了方便和洋人打交道，清政府在1861年设立了统领外交事务的总理各国事务衙门（简称总理衙门）。刚开始，总理衙门只负责外交和通商事宜，后来它的职能越来越多，连修筑铁路、开矿、制造枪炮等所有要跟洋人打交道的事务都归它管。作为总理衙门的第一位掌门人，恭亲王奕䜣（Yìxīn）积极支持兴办洋务，一边与洋人和谐相处，一边与地方洋务派默契配合，推动洋务运动早期的发展。

洋务运动都做了什么？

"自强"是洋务运动初期的口号。看着西方的坚船利炮，新兴的洋务派暗下决心要学习洋人的先进技术，造出自己的舰炮，最终制服洋人。于是，在奕䜣的支持和曾国藩的领导下，中国第一家近代军工厂——安庆内军械所拔地而

59

起。这让大家超级振奋！很快，一批制造子弹、火炮、枪械等新式武器的军工厂相继出现在中国大地上。再后来，铆足了劲儿的洋务派竟然造出了第一艘轮船。但遗憾的是这船不实用，需购置新装备来优化它。于是，朝廷收到了洋务派前来要经费的奏折。这让同治皇帝一筹莫展，要知道买装备要耗费巨资，朝廷现在可没那么多钱。

就在这时，勇于创新的洋务派跳出了单靠发展军工业自强的思维。同治末年，李鸿章大胆创新，以官督商办的方式创办了民用工厂，就是政府设立公司，民间投钱入股参与。这不但缓解了财政困难，还调动了民间参与的积极性。很快，市场上便出现了上海机器织布局生产的布匹，军工厂用上了从开平煤矿开采的煤炭。生产枪炮的洋务运动逐渐兼顾生产布匹、煤炭等商品。

随着洋务运动如火如荼地展开，深知教育重要性的洋务派还积极建立新式学堂，传授西方科学文化知识。学生们有

61

◀ 晚清时期，清政府会派出优秀的孩子去美国留学，学习先进的知识和技术。

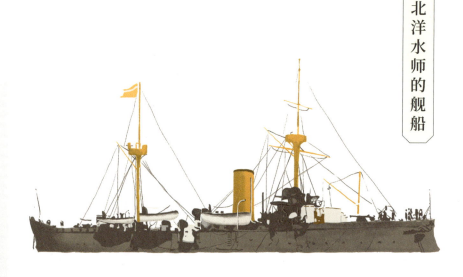

北洋水师的舰船

知识充电站

新科技！
电报的使用

你一定对电报感到非常陌生吧？它是19世纪二三十年代，在英美发展起来的一种通信方式。今天，我们通过网络给远方的朋友发送信息，可退回到一百多年前，就得靠电报了。

第二次鸦片战争后，西方列强本打算在清朝铺设电报线路，但视新科技如妖魔的清政府坚决拒绝。直到1879年，开明的李鸿章不顾守旧势力的强烈反对，坚持引进电报技术，中国大陆才有了第一条军用电报线路，它一经投入使用就收到了很好的效果。随后，电报被逐渐推广到全国。

的在同文馆等学堂里学习外语、天文、算学，有的到福州船政学堂、天津水师学堂与天津武备学堂学习军事知识和机械制造。大家不仅在国内学，还能出国学！从1872年起连续四年，朝廷每年派出三十名聪慧的幼童赴美深造，分别在法政、工科、矿学、化学等领域学习。这便是中国历史上第一

批公派留学生。不甘落后的地方官员也选派学生赴英法留学。他们当中不少人成了日后各行各业的翘楚。

迅速陨落的传奇海军舰队

说到海军，早在第二次鸦片战争后，就有人向朝廷建议建立海军舰队，但没得到重视。直到1874年，日本企图把

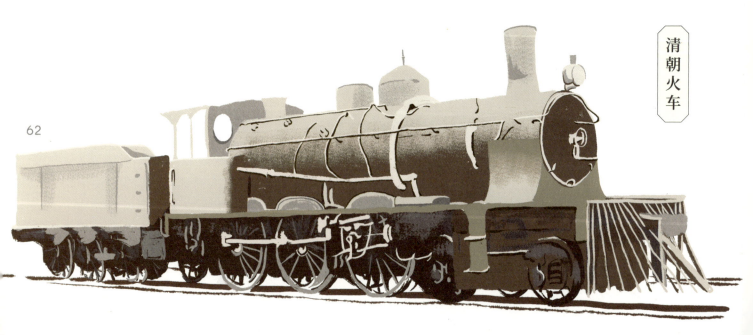

清朝火车

台湾占为己有的行为才引起清政府的警觉。认识到海防的重要性后，清朝决心建立海军舰队。在这样的背景下，清政府启动了建立南洋水师、北洋水师、东洋水师三支舰队的项目。可尽管理想很丰满，经费短缺的现实却让人失落。费了九牛二虎之力，到1888年12月17日，中国近代海军中实力最强、规模最大的北洋水师正式建立。

起初北洋水师的装备先进程度堪称亚洲第一。然而，还来不及高兴，朝廷对军费的缩减和挪用就让想大干一番的洋务派连连叹气。因为无力维护舰队，北洋水师原本威风的战舰变得陈旧落后。而此时，一度落后的邻国日本开始大力发展海防，并在1895年的中日甲午战争中战胜北洋水师舰队。北洋水师几乎全军覆没，洋务运动宣告失败。

知识充电站

第一条经政府批准使用的铁路

你一定坐过火车吧？它是再平常不过的交通工具了。不过，当年它可是克服了重重困难才在我们国家发展起来的呢！

19世纪末，为了方便运输煤炭，李鸿章上奏朝廷，请求修建铁路，却遭到了顽固派的极力反对。直到他承诺铁路建成将采用马拉货车的方式运输，清政府才勉强批准建设全国第一条铁路——唐胥铁路。1881年11月，全长9.3公里的铁路建成，当年还是用驴马拉货车，次年便改用机车牵引。开平的煤炭再也不需坐马车经历水路和陆路的颠簸，火车使煤炭运输更加便利。

随后，全国兴起修铁路高潮，到清朝灭亡，全国共建官办铁路13条、商办铁路4条，还有多条中外合办以及外国人承办的铁路。历经磨难，铁路这个外来新事物终于在中国大地上全面开花。

电报机

洋务派有许多新想法，可总是遭到顽固派的反对，为什么顽固派要反对创新呢？换位思考一下，你是一个勇于创新、接受新事物的人吗？

13

甲午战争的惨痛教训

1886年 美国纽约自由女神像落成　　　　1890年5月1日 英法比德奥等国工人首次举行"国际劳动节"示威游行

1888年 康有为首次上书，请求变法

知识充电站

第一家中国人
自己办的银行

　　中日甲午战争后，西方列强开始通过提供高利息的贷款控制大清的经济。为了不让列强进一步操控中国经济的阴谋得逞，1897年，中国的有识之士们排除万难，在上海建起了第一家中国人自己办的银行——中国通商银行。中国通商银行成立之初，清政府就授予它发行民用的货币，为企业提供贷款的权力。这些职能放在现在，分别属于我们的中央银行和商业银行。

　　今天，中国人民银行是我国的中央银行，它保护着整个国家的货币金融市场的稳定，印发我们每天要使用的人民币。其他大部分银行，则是以赚钱营利为目的的商业银行。我们要是想存钱、取钱，申请买房买车的贷款，找它们最方便安全。

◀ 中日甲午战争。

65

▲ 清政府与日本签订
《马关条约》。

慈禧太后六十大寿的
"大礼"

1894年，在慈禧太后即将迎来六十大寿之际，邻国日本准备了份"大礼"——发动甲午战争。

19世纪中期，先后在西方列强的胁迫下打开国门的中日两国走上了不同的道路。日本痛定思痛，大刀阔斧地改革，走上"明治维新"之路。实力不断增强的日本政府，甚至心生了称霸亚洲、征服世界的野心。而清朝仍旧浑浑噩噩，这可给了老邻居日本机会。

1886年，北洋水师出海执行任务，返航时"定远"号和"镇远"号打算借着在长崎进行检修的机会对日本进行友好访问。但谁也没想到，清朝水兵和当地警察发生了冲突，双方闹得很不愉快。狡猾的日本政府借着"长崎事件"，在百姓的心里种下报复清朝的种子。与此同时，日本大力发展海军，时刻准备发动侵略战争。

1894年，朝鲜爆发东学党起义，中日两国共同出兵平息了叛乱，但在退兵问题上双方出现了分歧。9月16日，蓄谋已久的日本伺机发动战争占领朝鲜，突袭北洋水师，成功取得黄海制海权。随后，日军由朝鲜从陆地向清朝发起进攻，海军重镇旅顺随后被攻占。接下来的11月21日到24日，日军大开杀戒，制造了惨绝人寰的旅顺大屠杀。杀红了眼的日军又在次年2月攻陷了北洋水师的基地威海卫，北洋水师几乎全军覆灭。最后，中日甲午战争在一纸屈辱的《马关条约》

签订后画上了句号。

弱国无外交

签订《马关条约》期间，清朝代表李鸿章竭尽全力对日本的漫天要价提出还价要求，但日方强硬回复"外交依靠国家实力"，拒不让步。

羸弱（léiruò）的清朝任人宰割。日本一口气割去了辽东半岛、台湾岛及其附属岛屿和澎湖列岛。若不是俄法德三国出于自身利益进行干涉，日本才不情愿让清政府用三千万两白银就赎回辽东半岛。实际上，赎金加上原本商定好的两亿两白银赔款，赔款总额达到了甲午战争之前所借外债总额的五倍有余！

天文数字般的赔款，让西方的银行业沸腾了。面对千载难逢的赚钱良机，俄、法、英、德等国的银行纷纷殷勤地提供借款。可没多久清廷就意识到列强的虚情假意，三亿两白银的借款最后要翻倍还到六亿多两，列强如愿进一步控制了中国经济。

而条约里允许日本在华投资建厂，更是让列强对中国的经济侵略由简单的商品货物输出、土地占领到通过办厂获得更大利润的资本输出阶段。

到这里，屈辱还远没有结束。因为又一场瓜分狂潮已向清朝这只纸老虎袭来。1897年德国强行占领胶州湾，并取得山东境内建筑两条铁路的特权。而法国不仅强租了广州湾，还将云南、两广纳入势力范围。不甘落后的英国则在强行租借了威海卫、香港新界等地后，更是把长江流域也变成了自己的势力范围。贪得无厌的俄国更是打着修筑中东铁路的名号，强租旅顺、大连，并把辽东半岛据为己有，一步步将东北全境划为自己的势力范围。

▼ 《马关条约》签订后，清朝又新增了许多通商口岸。

14

一百天的大变革！

1895年春，当《马关条约》签订的噩耗传回国内，全国上下都在强烈抗议这种卖国行为！正在北京参加科举考试的康有为怒不可遏，他立刻联络众人，起草了慷慨陈词的万言书，提出拒签和约、迁都抗战、变法图强三项主张，准备呈给光绪皇帝看。全国十八个省的上千名举人，纷纷在上面签上自己的名字，这便是著名的"公车上书"。

那时，上至朝堂、下到街巷，都在议论这次上书。康有为、梁启超等人也趁着势头，继续扩大对西方君主立宪制度的宣传。功夫不负有心人，1898年，光绪帝颁布《定国是诏》（也叫《明定国是诏》），决心进行改革。因为这年是农历戊戌（wùxū）年，所以又叫戊戌变法。

很快，一条条涉及军事、官制、经济、文化等领域的改革法令从紫禁城传向了全国各地。随着改革的深入，守旧的反对势力如坐针毡，为保住自己的利益，他们向慈禧太后打小报告，请求制止维新派的"胡作非为"。

其实，维新派所主张的君主立宪制也让慈禧太后深感恐惧。抵触西方政治思想的太后坚信，皇帝说了算的君主专制才是最合理的，要是实行了君主立宪制，把权力交给所谓的议会和百姓，自己就成了只有名誉、没有实权的君主，这是慈禧太后万万不可接受的！

于是，慈禧太后联合反对变革的守旧势力，软禁了光绪皇帝，夺走统治国家的实权。而之前颁布的新政，除了京师大学堂被继续保留外，其余的全部废弃。与此同时，慈禧太后还下令逮捕扰乱旧秩序的维新派，其中谭嗣同、杨锐、林旭、刘光第、康广仁、杨深秀这些激进批判旧势力的改良派，被处以极刑，警示世人。这六个人就是著名的"戊戌六君子"。至此，仅持续了一百零三天的戊戌变法，也以失败告终。

1898年 京师大学堂在北京设立

知识充电站

京师大学堂

- -

　　1898年戊戌变法期间，踌躇（chóuchú）满志的光绪皇帝批准建立了京师大学堂，这是中国近代史上第一座国立综合性大学。京师大学堂以"中体西用，中西并重"为办学宗旨，在这不仅能学到中国传统学科，还能接触从西方引进的政科（法律和政治）、商科、数学、理工科等科目。1900年八国联军侵华时，大学堂因损毁严重，被迫停办，待到1902年才得以恢复。1912年，京师大学堂更名为北京大学。

同样是改革，日本的"明治维新"却成功了。为什么慈禧太后等人会反对戊戌变法呢？

▶ 康有为等人发动"公车上书"。这里的"公车"可不是咱们现在所说的交通工具，这是汉朝的官署名，后来用来指代举人进京考试，或是进京请愿、上书。

15

又一次战败！

 世界 | 大事记 | 中国

1900年 美国轻武器设计家勃朗宁设计出第一把自动手枪M1900　　　　　1903年 出租汽车首次出现于伦敦

1900年 八国联军入京。王圆箓发现敦煌莫高窟17窟藏经洞

◀ 八国联军指的是英国、俄国、日本、法国、德国、意大利、美国、奥匈帝国这八个国家组成的联合军队。

19世纪末，巨额赔款带来的沉重经济负担和连年的自然灾害让百姓们陷入水深火热之中。在中国北方，更是有一批自称"义和团"的人，打着"扶清灭洋"的口号，发起了义和团运动。

义和团的团民既有贫苦百姓，又有王公贵族，他们都非常痛恨欺负中国人的洋人们，所以四处焚毁教堂、杀害传教士，引得洋人不断向清廷抗议。慈禧太后呢，她一边派人镇压义和团运动以安慰洋人，一边盘算着怎么利用这些有匹夫之勇的人来对付洋人。

洋人们看清政府怎么也摆不平义和团，就强行派军队，进入北京城。这怎么行！面对列强的蛮横态度，清政府逐渐承认了义和团，允许他们进入北京城。西方侵略者则开始着手准备联合侵华，镇压义和团运动。

1900年5月，英国、法国、美国、德国、意大利、俄国、日本和奥匈帝国以镇压义和团、保卫在京的使馆安全作为借口，组成了八国联军，准备大举进犯中国领土。

1900年6月，清政府向洋人宣战，不过东南省份的巡抚们没有服从命令，反倒跟英美等列强一拍即合，签订了"东南互保"协议，以求免于战火。8月，八国联军攻陷北京，慈禧太后和光绪皇帝仓皇西逃。紧接着，北京城内爆发激战，最终义和团不敌八国联军，被迫撤出北京。占领北京后，八国联军烧杀抢掠无恶不作，城内惨不忍睹。

彻底沦为
半殖民地半封建国家

一次战败就意味着一份不平等条约即将签订。1901年，清政府与八国列强签订了《辛丑条约》，中国彻底沦为了半殖民地半封建国家。

八个国家狮子大开口，要

半殖民地半封建国家

接二连三的不平等条约签订后，清朝看似还是个独立国家，由清政府独立统治，可实际上国家的政治、经济等都在一次次割地赔款中被西方列强控制。像这样表面独立，但社会各方面被殖民者奴役的国家，被称为半殖民地国家，它给国家带来了沉重的灾难。而半封建呢，与完全自给自足的封建经济不同。它是类似清朝这样被迫开放后，随着西方思想文化、政治经济的传入，自给自足的封建经济受到动摇，国家逐渐开始近代化。它带来了进步，也为国家提供了一个新起点。

求清政府支付赔款四亿五千万两白银，分三十九年还清，最后本金加利息共计九亿八千万两白银，这笔钱也被称为"庚子赔款"。不过，后来美国也承认这个赔款要求实在过分，

71

▲ 北京失陷，八国联军的旗帜在故宫城门上飘扬（原图为法国一家画报上的彩色石印画）。

于是通过资助中国教育、培养留学生等方式返还部分赔款。著名的清华大学就是用美国退还的"庚子赔款"建立的。

挨了打还要给对方赔钱，这还不是最过分的。《辛丑条约》竟然限制清朝的子民在自己国家的活动范围——被设置为外国使馆区的北京东交民巷，能让洋人部队驻扎，却禁止中国人居住。想想看，被别人规定不能在自己家里自由行动，该多难受！

眼看已沦为半殖民地的清朝到了亡国的边缘，清政府为维护自己的统治地位，不得已在1901年宣布实行"新政"。

于是，延续千年的科举制度被废除，新式学堂相继建立，越来越多的人学习西方的科学技术。总打败仗的清朝军队，也不再只求士兵数量不看质量了。要当兵，得符合年龄、体格和文化程度等标准才行。而采用西方军队编制和训练方式更是提高了新军队的战斗力。日俄战争中，小国日本战胜了庞大的俄国，令清政府震动不已。他们总算认识到先进政治的厉害，派出五位大臣出国考察，并在1906年9月1日宣布"预备立宪"。

一个满身伤痕的老帝国，总算想着要向看起来更有活力和效率的君主立宪制过渡了。

16

不断变化的考试制度

说到我国历史上存在时间最长的考试制度，非科举制莫属。从隋唐兴起，到1906年废除，它可有一千三百年的历史了！

创立初始，科举制是一种人才选拔制度，几乎为所有人敞开了大门，只要成绩好，不管出身和国籍如何，均可为国效力。

到了唐朝，每年除了要举行分期的常科考试之余，人们还会根据需要进行临时考试。武则天最早进行大规模殿试，筛选出优秀考生聚到大殿由她亲自监考选拔，这下皇帝就拿到了定夺大权。

殿试在宋初固定下来，从此，天子与科举中第之人除了是君臣，也是师生，对尊师重道的中国人来说，这样有利于维护统治。同期实行的糊名和誊写（téngxiě）措施则避免了考官在知道考生姓名和字迹后串通作弊，更显公平。现在大家参加的重要考试，也都需要把姓名遮挡起来。

到了元朝，种族区别对待、七十余年的中断等因素让科举变得衰落。好在，这种情况在明初有了改善。为缩小南北差异，会试试卷和录取按区域划分，南北地区举子分别录取后大家统一参加殿试。

明清的科举分乡试、会试、殿试三级，格式固定的八股文开始流行。晚清，八股文的弊端凸显，考生不肯钻研学问，转而花大力气研究套路，禁锢了思想，最终光绪帝通过戊戌变法废除了八股取士，批准建立新式学堂。

此后，近代教育制度逐步确立。随后的清末新政中，来自西方列强的压力和国内统治危机，使慈禧太后终于鼓励各地兴办新式学堂，并下令在1906年终止延续千年的科举。

其实，科举制度不仅有文人科举，还有武举制度，它是在唐朝开始举行的。但宋朝重文轻武，武举中断，直到宋仁宗才恢复，明清时达到鼎盛。

现在回看，不同时代的统治者对科举制度进行的变革，归根到底还是为了维护自身的统治。只是谁也没想到，科举废除，新式学堂兴起后，那些学习西学的学生不但没有维护清朝统治，反而成了推翻清朝统治的关键力量。

17

封建帝制的结束

▶ 1912年，袁世凯逼迫清
帝退位，清王朝就这样
结束了。

74

1912年 美国好莱坞派拉蒙影片公司创立

1912年 清帝退位，清朝结束。孙中山于南京就任临时大总统，中华民国成立

你知道中国的封建帝制持续了多少年吗？

眼看清政府在一次次战败、一份份不平等条约中走向覆灭的深渊，一位名叫孙中山的热血青年一路北上，经过实地考察后，向晚清重臣李鸿章呈上了自己的强国方案。可惜，他的上书并未得到重视。这让一心想着救国家于危难之中的青年不再对清王朝抱有幻想，他决定自己找一条能推翻清朝统治、建立民主共和的道路。

认定了民主共和道路的孙中山，带领着革命党人四处进行民主共和的宣传。与温和的维新派相比，他们更激进，拒绝君主立宪，要求推翻清朝统治，改变封建土地所有制，建立资产阶级民主共和国。

1908年，预备立宪刚开始不久，光绪皇帝和慈禧太后就先后去世了。刚继位的宣统皇帝还是识字不多的小孩儿，根本无法担起改革重任。就这样，艰巨的改革事业落到了他爸爸载沣肩上。

1911年，载沣公布了让全国哗然的内阁改组名单。十三名成员中，只有四位是汉人，剩余九人里，皇族就占了五人。这样的皇族集权，和过去根本没什么区别。看来，载沣和以前朝廷的保守派一样，是借口新政和预备立宪来拖延这个古老帝国的制度变革。在百姓眼里，故步自封的皇室已经失信。而正是这一年，孙中山领导革命党人拉开了反帝反封建的辛亥革命大幕。

继皇族内阁后，清廷又犯了个愚蠢的错误——将粤汉铁路、川汉铁路等收归国有，这一次他们将一己之利凌驾于百姓之上。还记得前面洋务运动时修建的铁路吗？它们都是凭借着民间的力量才建起来的呢。现在清政府要把铁路国有化，引得全国愤慨！一时间，购买了大量铁路股份的绅商、农民纷纷组建起保路会，表达自己的抗议。其中，四川的保路运动声势最浩大，影响最广泛。为了镇压运动，四川总督残忍地屠杀了大批手无寸铁的百姓。近二十万愤怒的民众组成起义队伍，围困成都。这下清政府乱了阵脚，紧急从各地调派新军支援四川总督。短视的清政府绝想不到这竟然成了自己灭

知识充电站

辛亥革命与武昌起义

提起辛亥革命，总会想到武昌起义，这是因为武昌起义是辛亥革命的重要组成部分。20世纪初开始，孙中山与众多革命党人发动了一系列起义，要推翻清朝统治，建立资产阶级共和国。1911年，广州黄花岗起义以失败告终，但随后的武昌起义却瓦解了昏庸腐朽的清朝统治，结束了中国两千多年的封建帝制。

其实从1840年第一次鸦片战争爆发开始，逐渐失去民心的清政府就走上了灭亡之路。如今回看颇有点"水能载舟，亦能覆舟"的意味。

亡的导火索。

1911年10月10日，武昌新军中的革命党趁部分新军被调往四川，发动了武昌起义，迅速占领武昌及整个武汉。随后武装革命蔓延至全国，湖南、广东等省份相继脱离清政府而独立，清朝统治土崩瓦解，辛亥革命取得胜利。1912年1月1日，中华民国临时政府在南京成立，孙中山被推举为临时大总统。

鸦片战争以来西方的侵略及一系列丧权辱国条约的签订，导致20世纪初汹涌澎湃的革命运动爆发，不求上进的清王朝已无力再引领国家继续前进。这次它不再挣扎，顺应了民心。1912年2月12日，宣统皇帝被迫退位，中国结束帝制。从此，享国二百七十六年的清王朝和存在两千多年的封建帝制宣告结束了。

▶ 溥仪登基做皇帝的时候还很小，所以需要他的爸爸载沣帮忙来打理政事。

你还记得中国第一
个中央集权的皇帝
是谁吗?

▶ 爱新觉罗·溥仪,也就
　是宣统皇帝,是清朝的
　最后一位皇帝。

77

民国

文：许峥

绘：将讲太空人（时代背景）

　　Yoka（衣食住行）

　　子鱼非（历史事件）

中华民国，
一个新的时代

1911年10月10日晚，湖北武昌的一声枪响点燃了革命的熊熊火焰，武昌起义爆发了。仅仅几个月后，清王朝就宣告灭亡，中华民国建立，中国进入了新的时代。

动荡中建立起来的中华民国就像一个先天体弱多病的孩子，在成长的过程中遭遇了许多苦难。先有袁世凯复辟做皇帝，后有曹锟贿选总统，中间还夹着军阀混战。直到1928年，蒋介石才在名义上完成了对国家的统一。

"福无双至，祸不单行。"

蒋介石刚统一国家没多久，凶恶的日本侵略者就打了进来。从1931年到1945年，中国人民都一直在苦苦抵挡日本法西斯的入侵。终于，抗日战争胜利了，打了十几年仗的中国人此时只想放下枪炮，用自己的双手建设国家。但是，1946年，国民政府发动了全面内战。直到1949年，人民解放军强渡长江，解放了南京，宣告国民党在大陆二十余年的统治结束。

生活在民国

（衣）

　　民国时期，大家穿什么的都有。喜欢传统的，就穿长袍马褂；思想开放的，就穿西装礼服。中国人自己改良的两种新的服装样式，在当时格外流行，这就是男士的中山装和女士的旗袍。

　　中山装是孙中山根据日本学生服的样式改良的。相比西装，中山装在衣领和口袋上有很大的变化，男人穿起来，既挺拔帅气，又实用，当时的人都很喜欢。旗袍则是根据清朝传统的旗人服装改良而来，衣领盘着圆扣，侧面开衩，中国姑娘穿起来身材苗条、雍容大气，显得特别美。

民国时期，中国虽然社会动荡，战争频发，但中国人在吃饭上可是一点儿也没放松。随着清王朝的覆灭，原先皇宫里的菜式流散到民间，各种"仿膳"特别流行。与此同时，地方上的特色风味也越来越明显，今天中国著名的"八大菜系"就是在这一时期陆续固定形成的。

除了中餐外，跟着洋人传入中国的西餐也逐渐成为中国人的新宠。在与西方直接通商的上海、天津等码头，各种西餐馆像雨后春笋般开了起来。吃惯了米饭面条的中国人也吃起了面包牛排，一样津津有味。在思想最开放的上海，西餐更是被中国人改造成了适合自己的独特口味。

83

住

　　在民国以前，中国人都住在传统式样的房屋内，各地有各地的特色，比如北京的四合院、徽州的马头墙、福建的土楼等。但总的来说，中国人的房子，主要还是用砖头和木头搭成的。

　　民国时期，各种西方房屋式样传入中国。不同于中国传统的房子，西方的房屋主要是用石头和水泥砌成的。与传统的中式房屋相比，西式洋楼高大明亮、干净卫生，引领了中国建筑的新风潮。

　　除了新的房屋式样外，新的建筑材料也传入了中国。来自西方的水泥与混凝土使得中国人在城市里建起了一栋栋新的商场与大楼。中国城市的面貌，也发生了巨大变化。

行

民国时期，传自西方的轮船与火车，已经是中国人日常生活中常见的交通工具了。当然，传统的车、马、船仍然很常见。除此之外，在一些大城市里，新的交通工具也在悄悄融入人们的生活，如小汽车、有轨电车、飞机等。其中，最有特色的就是黄包车了。

黄包车是一种人力车，车夫在前面拉着车跑，乘客们坐在车上又稳当又舒服。这种车在各大城市里非常流行，穿梭在大街小巷里，像今天的出租车一样。

令人遗憾的是，传自西方的火车、轮船、小汽车，中国都没有办法制造，只能依靠进口，交通命脉被掌握在了外国人手中。

01

从孙中山到袁世凯：
混乱的北洋政府

府 統 總

▲ 1912年，袁世凯取代孙中山，成为中华民国临时大总统。

1911年的辛亥革命，推翻了无能的清政府，成立"中华民国"，建立了国民政府。大家纷纷推举孙中山出任中华民国的临时大总统。

孙中山认为，既然民国已经成立，那就应该把清朝的旧习俗也改掉。于是，他废除了清廷的皇历，规定使用公历，将1月1日的元旦定为新年第一天。可是，虽然从此规定了新历的新年，老百姓却还是不太习惯，因为大家一直都是过农历的春节，一时改不过来。所以，农历的习俗也被大家保留了下来。

孙中山已经当上了中华民国的临时大总统，可是清朝的宣统皇帝还没有宣布退位。这时，内阁总理大臣袁世凯亲自出马说服隆裕太后，终于在1912年2月逼迫宣统皇帝退位，而孙中山根据约定，宣布辞职，把临时大总统的位置让给了袁世凯。

说到袁世凯，他手下有一个强大的北洋军阀派系，是自天津小站练兵之后编成的一支新式陆军。袁世凯死了之后，北洋政府陷入军阀混战之中，有以段祺瑞为首的皖系和以冯国璋为首的直系，除此之外，北洋军阀还有一个独立的奉系，以张作霖为首。这几个派系的背后都各自有列强支持，他们为了争夺权势，展开混战。

北洋政府时期，直系、皖系和奉系之间不断发生战争，关系非常紧张，闹得人心惶惶，人们生活得战战兢兢、苦不堪言，世道很不太平。此时，帝国主义列强却操纵着军阀们，刚刚建立起来的资产阶级共和国摇摇欲坠。心怀革命理想的孙中山决定以武装革命的方式，推翻北洋军阀的统治，于是，就有了后来轰轰烈烈的北伐战争。

知识充电站

读书人以卖字为生

中华民国成立之后，新式学堂纷纷建立，随之而来的是新兴的报章、新兴的书局和新兴的大学。读书人不再把争当朝廷官员作为唯一的理想了，他们可以把自己的文章刊登在报章上，还可以在书局出版自己的书籍。在上海，每写一千字就有两到四元的收入，这样就能得到一笔不少的稿费来支持自己的生活，如果每月都坚持发表，不仅可以补贴家用和个人零用，还能有不少富余，这在当时成了读书人一种新的谋生方式。

02

新时代里的
新文艺

◀ 新文化运动是由接受过新式教育的读书人发起的，他们希望推翻传统礼教，让大家能接受民主与科学。

文言文变成白话文

民国成立以后，封建王朝的政权瓦解了，混战的军阀们一时间没有办法严密地控制百姓，所以中国历史上开始出现了一段思想比较自由的时期，学生们都非常向往自主、科学的思想氛围。这时，一个叫胡适的青年大胆地提出：一个时代应该有一个时代的文学，文言文的时代已经过去了，现在我们要用通俗的白话文来写文章，这样才能给老百姓带来思想上的启蒙。于是，他们开始号召大家大胆地用白话文写文章，因为白话文和平时说话的语言一样，即便是普通老百姓也能明白是什么意思。

从那以后，民国的许多作家和诗人便开始尝试用白话文来进行创作，从此民国的文坛大放异彩。这一次的文言文变白话文的运动，也是新文化运动的重要组成部分。新文化运动推崇"民主"与"科学"，它革新了民众的传统思想，是一次思想启蒙运动。

知识充电站

土山湾画馆

- - - - - - - - - - - - - - - - - -

曾经，上海徐家汇的土山湾有一个图画间，叫土山湾画馆。在画馆里，常常有一群十几岁的中国小孩拖着长长的辫子，戴着以前的瓜皮帽，认真地坐在长板凳上握着画笔画油画，还有人会出钱买他们的油画。他们都是外国传教士收留的孤儿，也是中国第一批学习西洋油画的孩子。

▼ 放映员正在放映新奇的
"蜡盘电影"。

京剧的新变化

此时，戏曲界也正在如火如荼地进行新编戏曲的比拼。1913年，一位名叫梅兰芳的京剧名家，来到上海的丹桂第一台搭班出演京剧，他深深地被上海活跃的新思潮打动。他觉得戏曲也应该打破旧俗，不只表演古代故事，还要把平民百姓的日常生活搬到京剧舞台上来。于是，他开创了前所未有的时装戏，京剧演员们不再总是板着脸唱戏，而开始在表情、做派和穿戴上求新。后来，梅兰芳与程砚秋、荀慧生、尚小云一起被誉为"四大名旦"，戏曲演员的地位不再像以前那么低下卑微。当时的长城唱片公司还特意邀请四大名旦去合灌唱片，发行了畅销一时的皮黄唱片，很多喜爱京剧的人便在留声机中放上自己喜爱的名家唱片，学唱自己喜爱的唱腔。从此，京剧更加为人们所熟知。

新奇的电影

现在我们很少有人使用留声机了，你可能都没有见过它的样子。其实留声机是民国时代非常受欢迎的"音响"，人们不仅会在闲暇时用留声机听戏，还会用它"放电影"呢！民国时代的电影最初是没有声音的，这简直太无趣了。于是人们想出一个办法，在放电影时，大银幕旁边坐上一列小乐队，乐手们配合着电影的画面，又是吹号又是打鼓，让没有声音的电影看起来有趣一点儿。甚至还有一些外国的电影上映时，旁边会站着一个解说员，边看电影边用中国话为观众解释电影里在讲什么。但这始终不算是有声音的电影。

趣味典故

不会唱戏的小梅兰芳

现在说起京剧，没有人不知道梅兰芳。可是，小时候的梅兰芳一点儿也不擅长唱戏。他八岁时，家里人给他请了一个老师来教他。上课时，老师教了他四句很简单的老腔，他唱了半天，还是唱不好，老师越教越生气，终于忍不住说："祖师爷没给你这碗饭吃！"说完便气愤地离开了，再也不愿意教梅兰芳。

小小的梅兰芳却并不沮丧，他下定决心要把戏唱好。于是，小梅兰芳每天早早就起床，天还没亮就开始吊嗓子，踩在砖头上练功。日子久了，脚掌都被磨出了大大小小的泡。而且，用功的小梅兰芳总是在舞台后面的胡琴座旁边坐着听戏，越看越着迷，等大家都散戏了才离开。

功夫不负有心人，梅兰芳最终成为世界闻名的京剧名家。

1929年，一位叫罗明佑的年轻人，他非常希望有一天能让人们看一次有声音的电影。有一天，他突然想到：咦，大家都用留声机听戏，那为什么不把留声机和电影结合起来呢？于是，他找到了当时非常红的女明星阮玲玉当女主角，一起拍了一部叫作《野草闲花》的电影，然后用留声机上的蜡盘来帮助电影发声。就这样，罗明佑在全国各大戏院上映了这一部有声音的电影。1931年，上海的明星电影公司用蜡盘配音，拍出了非常出名的电影《歌女红牡丹》，这是一个关于京剧演员红牡丹的故事，电影里的很多京剧唱腔就正好通过留声机的蜡盘展现了出来。

上学堂

虽然留声机给民国的娱乐世界带来很多新奇的变化，但这只是民国时代众多新鲜事物中的一角。除了人们的娱乐方式，读书的方式也发生了翻天覆地的变化。

以前的读书人追求学而优则仕，只有参加科举考试才有机会成为朝廷官员，实现自己的抱负。随着时代变化，科举中的八股文、试帖诗已经不符合当时的文化需求了。于是，1905年，张之洞、袁世凯、端方等几位大臣请求光绪皇帝废除科举，专办学堂，比如在乡下设小学，在县上设中学，在省会设大学，还要配上"图书仪器馆"，让七岁以上的小朋友都去上学堂，学习新知识，成为新的人才。1922年，民国总统宣布实行"壬戌学制"。"壬戌学制"规定，所有小朋友都要读六年的小学，小学毕业后再读三年初中和三年高中，中学毕业之后，再继续读四年或者六年的大学。

这时候，很多模仿日本的新式小学堂就出现了。当时，小朋友们在学堂里都要上一门"乐歌课"，就是现在的音乐课，老师们会借用日本歌的旋律，填上中文歌词，然后教大家唱日本歌谣。还有"图工课"，就是现在的绘画课。一个叫李叔同的人从日本留学回国以后当了教师，觉得中国学生不能只学习古人的国画，还要学习西洋的绘画工艺。于是他致力于在学校美术课上介绍西方美术和著名画家。民国初年，一个叫何剑士的广东画家就学习了西洋画法，用中国的水墨画作漫画，还在旁边附上自己的题词，用漫画来表达自己的想法。1927年以后，报纸上出现了每日连载的短篇漫画，画家们将生活中一个个天真幽默的小故事串联成一系列漫画，这样的表达方式大家都很喜欢。

▼ 乐歌课，相当于现在的
　音乐课。

03 我们的时代

▶ 操场上，黄埔军校的
学生们正在演习。

记得前面我们说到要打倒军阀的北伐战争吗？这次的战争并不容易，要想打倒腐朽但强大的北洋军阀，就必须培养很多精干勇猛的士兵和军官，组建一支强大的革命队伍。

于是，孙中山决定派蒋介石去莫斯科学习苏联的军事知识和经验，并准备创办一所专门的军官学校。1924年，孙中山在广州黄埔创办了中国国民党陆军军官学校，也就是日后鼎鼎有名的黄埔军校，并且任命蒋介石为校长。在孙中山和很多革命党人的努力下，黄埔军校不负众望，培养出很多优秀的军官。黄埔军校的毕业生们都勇敢地参加了北伐战争，带领军队成功推翻北洋政府，堪称青年一代的榜样。

1925年，孙中山去世后，蒋介石成了国民党内握有军事实力的首要人物。1926年开始北伐战争，消灭了中国北方的部分军阀统治，1927年蒋介石建立了南京国民政府，成为实际的掌权者。这时候，日本开始不断对中国发起侵略、制造惨案，蒋介石对此忧心忡忡。他认为"攘外必先安内"，意思是先统一中国再全力对付日本的进攻，而"安内"的重点就在于围剿（wéijiǎo）共产

世界
大事记
中国

1923年 美国人兹渥里金发明光电显像管，是近代电视照像技术的先驱

1931年 世界第一座摩天楼纽约帝国大厦建成

1931年 九一八事变，抗日战争开始

1933年 曹禺创作话剧《雷雨》

1937年 卢沟桥事变

党。原来，早在1921年，中国共产党就已经成立，常常动员乡村的农民、妇女、学生和工人们参与革命，而共产党也渐渐从一个小党派成长起来，成为一支不可小觑（qù）的力量。共产党在南方数省建立了工农武装根据地，反对南京国民政府的统治。而蒋介石则多次派兵围剿共产党的根据地。为了避免更加惨重的伤亡，共产党的武装力量红军决定转移阵营，开始了两万五千里的艰苦长征。

在长征途中，红军战士们的作战条件非常恶劣。冬天来了，寒风像敌人的刺刀一样无情地刮在身上，战士们实在冷得受不了了，只好把树皮扒下来，做成树皮坎肩穿在身上挡风，睡觉时就铺在地上当铺盖，下雨时就披在身上当雨衣，行军时就垫在肩膀上扛枪，休息时就放在地上当坐垫。正是这种勇敢坚持的精神，鼓舞着红军战士完成了这次艰苦的万里长征。

1937年，日本发动了全面侵华战争，而共产党在完成长征之后，主动向蒋介石表示希望能联合抗日。在日本军队的疯狂攻势下，蒋介石迫于压力同意将红军改编为国民革命军第

95

八路军和新四军，两党并肩作战，最终赢得了长达十四年的抗日战争。在抗日战争中，不仅有士兵在前线战场上浴血奋战，还有很多勇敢的百姓和日本军队斗智斗勇，就连十几岁的小朋友也不例外。当时，有一个叫王二小的小英雄，他居住的村子常常受到日本兵的"扫荡"，但王二小并没有胆怯，反而不慌不忙地把日本兵带到了八路军骑兵连的埋伏圈里，把日本兵一个不落地消灭了，而王二小最后被日本兵当场刺死了。当时广大抗日根据地还成立了抗日儿童团，儿童团员们积极地捉汉奸、传书信，为抗日战争的胜利做出了巨大的贡献。

1945年，艰难的十四年抗日战争终于取得了胜利，可是国民党和共产党之间的矛盾还没有解决，它们之间的较量又重新开始了。长时间的战争已经给人们的生活造成了很大的创伤，大家都渴望快点回归和平，结束炮火连天的生活。可惜当时的国民党领袖蒋介石认为应该尽快统一中国，并坚持以战争的方式彻底解决和共产党之间的矛盾，忽略了因战乱而疲惫的人民。而共产党从一开始就积极争取人民群众的信任，获得了更多的群众支持。因此，在1949年春天，人民解放军战士们顺利解放南京，并一步步解放了大陆，而溃败的

国民党军队只好退守台湾。从那时起，台湾与大陆两地相隔，海峡两岸的亲人同胞十几年也难得再见一面。

1949年10月1日，晴空万里，天安门广场上飘着满满的小红旗，到处都是欢乐的海洋。这一天，北京天安门举行了隆重的开国典礼，毛泽东正式向全国群众宣布："中华人民共和国中央人民政府，今天成立了！"话音刚落，全国各

地在广播前等待着的百姓都欢呼跳跃起来。在经历了艰苦重重的战争之后，中国人民终于在这一天迎来了梦寐以求的和平。因此，为了纪念这一天，我国将10月1日定为国庆节。

再往后的事情，我们的爷爷奶奶、爸爸妈妈大都已亲身经历，快让他们讲给你听吧！我们每一个人都是历史的亲历者、创造者、书写者，不管是帝王将相，还是平民百姓，推

动着我们的社会前进的力量，始终都是人。你发现了吗？其实我们每个人都有改变历史的力量。

看了这数千年的历史沉浮，王朝更替，现在你有什么想说的吗？

◀ 群众庆祝抗战终于胜利。